中国传统文化传承视域下高职商务英语专业
文化交际能力培养路径探究　项目编号：21AJY047

基于功能翻译理论的
英汉翻译研究

◼ 邓宝霞　著

吉林人民出版社

图书在版编目 (CIP) 数据

基于功能翻译理论的英汉翻译研究 / 邓宝霞著 . --
长春 : 吉林人民出版社 , 2022.5
ISBN 978-7-206-19006-3

Ⅰ . ①基… Ⅱ . ①邓… Ⅲ . ①英语 – 翻译 – 研究
Ⅳ . ① H315.9

中国版本图书馆 CIP 数据核字 (2022) 第 118661 号

基于功能翻译理论的英汉翻译研究
JIYU GONGNENG FANYI LILUN DE YINGHAN FANYI YANJIU

著　　者：邓宝霞
责任编辑：赵梁爽　　　　　　　　　封面设计：吕荣华
吉林人民出版社出版 发行 (长春市人民大街 7548 号) 　邮政编码：130022
印　　刷：石家庄汇展印刷有限公司
开　　本：710mm × 1000mm　　1/16
印　　张：8.75　　　　　　　　　　字　　数：160 千字
标准书号：ISBN 978-7-206-19006-3
版　　次：2022 年 5 月第 1 版　　　　印　　次：2022 年 5 月第 1 次印刷
定　　价：58.00 元

如发现印装质量问题，影响阅读，请与印刷厂联系调换。

所谓翻译，简单来讲就是把一种语言信息转变成另一种语言信息的行为。不论在中国，还是在西方国家，翻译都有着久远的历史。翻译是人类社会历史上最久远的活动之一，该活动是随语言的产生而产生的。无论是在早期的民族交往中，还是在现在的各国交流中，翻译都发挥着重要的桥梁作用。作为一种跨语言转换活动和跨文化交际活动，翻译促进世界文明的进步，推动社会的发展，甚至在维护世界稳定方面都发挥不可忽视的作用。所以，从古至今，翻译的研究从未停止过，众多的翻译学家都致力于对翻译的研究。

功能翻译理论是一个广义的概念，主要包括德国翻译学派的目的论、英国学者纽马克的文本功能分类说和奈达的功能对等理论，因为这些学者的理论把翻译研究和语言功能结合起来，从语言和文本的功能角度分析和讨论了翻译的理论和实践问题。

本书对国内外翻译研究、功能翻译理论的内涵与理论基础、文本功能与翻译策略分析等方面进行了梳理与探讨，构建了功能翻译理论及其实践应用的基本框架，提出功能翻译理论对应用翻译的翻译策略和方法具有指导性意义。同时，本书结合大量的不同类型的文学类文本和应用文本的翻译实例，如商业广告翻译、产品说明书翻译、科技翻译、外宣文本翻译及公示语翻译等，深入探讨了不同文本的翻译策略和方法。文本功能不同，翻译方法各异，没有固定模式。因而，应用翻译应从文本的类型和功能角度出发，结合翻译目的，采取行之有效的翻译策略和方法，而这一切都可以从功能翻译理论那里得到相关的启示和理论依据。

尽管笔者在本书撰写过程中倾注了大量心血和汗水，力求使本书尽可能反映最新动态和实践成果，力求使本书在先进性、科学性、针对性与实效性方面实现统一，但由于笔者能力有限，书中不足之处，敬请读者批评、指正，以便在今后的研究中予以改进和完善。

邓宝霞

2021 年 10 月

目　录

第一章　功能翻译理论概述

第一节　功能翻译理论的诞生与发展

一、功能主义的来源与发展

功能主义观念在 20 世纪 80 年代前后的德国兴起，主要代表人物有诺德、弗米尔等。此派别含有的重要价值观念为：功效主义方面的翻译评判观点，也就是文章种类观点；目标观点；翻译行动观点；功效和忠贞观点。弗米尔等人为第一发起人，诺德等人为第二发起人，其观点是基于最早论点基础上进化的。这些学者因为都有做翻译人员、教师、研发人员的经历，所以将论点与实际应用结合了起来。由于发起者多样的经历，其观念亦无法和实际经历脱离，即翻译的手法取决于最终目标。

布勒依据言语方面的器具模型里的构成因素和关联划分为 3 类，即讯息、表情、感染。该学派学者表示，布勒应用的构架来自柏拉图，并顺着言语与人称呼的方向发表了其论点。而其他派别则使用其他的类别构架，之后雅各布森有了新的观点，且增添了 3 点。赖斯依据布勒理论，将文章种类划分为 3 个，即讯息、表情、感染，且从多方面概括了其特色和相关的翻译政策。赖斯表示，即使每个文章皆含有许多的功效，也仍有主要、次要的分别。原始文章的关键功效就确定了翻译的策略，换言之，翻译的战略和方式会随着文章种类的改变而改变。

之后，赖斯整合了发布的论点，得出了新的论点，此观点呈现在赖斯及弗米尔共同撰写的书籍中。该书重点研讨了把赖斯的文章种类加入功效论点构造之后的详细论点。"详细"是说翻译的目标条件和原始文章功效一样的特别情形。此理论的关键内容为：确定翻译经过的关键元素为全部翻译举止的目标。依据这一论点，不管什么翻译，首要准则就为"目标的标准"，其依据是所有的翻译举止都根据举止的目标来确定，也就是目标确定方法。就目标标准而言，有学者如此诠释：每一篇文章都是因特定的目标而出现的，也就理所应当服从于这个目标。所以，翻译、解释、阅读、书写都要遵从某一方法，这种方法能使文章、翻译的文章于它应用的情景中进行，全部依据其想象的方法进行。

弗米尔理论的大致内容是翻译都是有一定原因的。此观念构架里，确定翻译目标的关键元素是翻译文章后的阅读者，这些人皆拥有自身的学识库，对翻译文章的质量、条件都有自身的要求；不同的翻译面向的群体也不一样，所以翻译是"基于语言环境里为了某一类群体出现的文章"。在此论点中，原始文章的地位不如相等论点里面的原始文章地位高。

霍思伊蔓特发表了在功效论点方面的其他论点，依据交流沟通的论点和行动论点，将翻译行为表达为：起于原始文章的翻译行动，属于交流沟通的经过。这里面有很多角色，如翻译的提倡者、委派者、原始文章的作家、翻译人员、使用翻译文章的人员、接纳翻译文章的人员。有学者把提倡者及委派者这两个定义区别了一下，提倡者属于对于所要翻译的文章有需求的人，而委派者属于翻译者，即依照自身的翻译条件与原始文章去翻译的人员。委派者应用相关文章的模型或者专业语言来翻译文章。就诺德的意思而言，提倡者属于开启翻译经过，依据翻译文章的目标去模拟、确定翻译步骤的个体、团队及部门。

在此论点里，交流沟通的经过大大超越了传统理念上表达的翻译经过。在原始的翻译论点里，翻译经过仅一人进行，且翻译的行动论点将眼界开阔到了翻译人员之外的更多个体乃至组织部门，其把翻译看作目标精确、关注成果的人们交流沟通的举止，表示翻译的经过关键在于表达讯息，以便于国际交流。霍思伊蔓特、弗米尔和赖斯的观点在根本上属于一体，即该观点里，目的属于首要的准则，也就是说"目标定夺方法"。

基于霍思伊蔓特"目的文章是应全部脱离原始文章的"的评判，诺德得出了新观点——功效与诚信。文章种类观点于诺德意义深远，其亦相信弗米尔的目标学说，欣赏翻译行动的论点。可其亦有自身独特的看法，也就是将诚信的准则加入功效主义的模型中，处理翻译里面的冒险功效主义的问题。诺德表示，此功效主义的论点含有了全部的翻译种类，且于翻译教育的发展起着重要的作用。

二、功能翻译的内涵与外延

（一）功能翻译的内涵

本书所指的"功能"是注重文本或翻译的功能。"功能主义"一词泛指用功能的途径研究翻译的多种理论。德国学者克里斯蒂安·诺德曾经给功能翻译理论下过定义，他认为翻译的"功能主义"就是指专注于文本与翻译的一种或多种功能的研究。功能翻译理论是采用这类研究方法产生的多种理论的一个广义术语。从翻译历史来看，功能翻译理论并非产生于 20 世纪。在功能翻译理论发展过程中，有很多学者提出了自己的想法。西赛罗认为，如果逐字翻译，译文就会显得笨拙，但如果在必要时变更原文的措辞及语序，又似乎远离了译者所应发挥的作用。许多译者认为，翻译过程应涉及两个方面：一方面是忠实地再现原文的形式；另一方面则要针对译语文化读者的需求，对原文做相应的改动。《圣经》中有些段落需要译者逐字翻译或按字母翻译，有些段落则需要译出其意义或根据译文读者的需要和期望，对原文进行适当的调整。

具有功能翻译思想的还有沃勒·科勒，他认为任何不与原文对等的译文都不能称之为翻译。由于两种文化之间存在语用差异，原文和译文有时会不对等，在翻译过程中，一些起特殊作用的编译是文本构建的要素。为了使译文被读者接受，即从语用对等的角度看，编译也许是合适的，或者是不可避免的。他赞同具体情况下进行一定数量的改写、解释，或者使用其他非直译方法传达原文的隐含意义或者使译语读者更好地理解译文。如果一名译者根据其赋予语言的功能来构思自己的翻译概念，他就能从语言的功能中推断出语言的性质。因此，那些仅仅翻译文本客观信息的译者与那些赋予文本生命的译者对翻译的解释有所不同。

英国翻译理论家彼得·纽马克把翻译与语言功能结合起来研究，提出翻译中应根据三种文本功能形式——表达型文本、信息型文本和呼唤型文本，分别采用"语义翻译"和"交际翻译"两大翻译手法。

尤金·奈达也从语言功能的角度提出了"功能对等"的翻译原则。他认为，由于语言文化上的差异，翻译不可能做到原文和译文的形式对应，而只能是功能上的对等。同时，他还区分了翻译中的"形式对等"和"功能对等"。"形式对等"指对原文形式的忠实再现，而"功能对等"则指原文与译文具有相同的超语言的交际效果。"功能对等"翻译原则的目的是要使译文表达绝对流畅，尽量在译文接受者和其本族文化语境相关的行为模式之间建立联系，而不是要求读者为了领会译文的意思而理解原语语境文化模式。

当代功能翻译理论以德国的功能翻译学派为主流，其代表人物和杰出贡献者有赖斯、弗米尔、诺德等。促进它发展的土壤是素有探讨翻译和翻译理论传统的德国。

1500 年，德国已经在进行翻译方面的研究；1800 年，由当时相关的知名学者发展；1900 年，体现出德国、意大利学者注重翻译方面研究的特征。20 世纪 60 年代产生了意义深远的理念派别——莱比锡，其秉持的理念为：在进行翻译的时候一定认真区别一些稳定的元素（认识）及易变元素（实际应用）。莱比锡派别与布拉格派别在翻译提倡上的共通的地方为：皆认同翻译一定要思考语言等方面的功效。其中知名的学派家有卡尔、雅各布森及诺贝尔德。

卡尔讨论了 4 类关系：一对一；一对多；一对部分；一对零。他主张在将原文分解成结构单元以后，译者从一系列对等项或选择项中挑选出"最佳对等项"，然后将其组织成一个整体。随着现代语言学的发展，诺贝尔德于 1973 年发表了名为《不变量与语用学》的文章，讨论了翻译科学理论的"中心问题"，其为翻译假设了一个用在比较中的以原文为基础的"不变量"。语言使用规则使人们在任何一个交际环境中都可以预期一种特有的文本类型，而这一文本类型便成为原语不变量。这一不变量并不妨碍译文可变性的存在，翻译就是通过比较来选择最佳译文。诺贝尔德认为，翻译之所以可能，是因为语言的深层结构具有一致性，并且表层结构的语法——词汇部分及其语用功能都由同一深层结构派生而来。

（二）功能翻译的外延

从逻辑学角度出发，纯粹功能是指有特定结构的事物或者系统在内部和外部的联系和关系中表现出来的特性和能力。任何物质系统都是结构和功能的统一。结构是功能的基础，结构决定功能；功能是结构的表现，功能对结构又有反作用。既然"翻译"前面冠以"功能"一词，它就被赋予了"功能主义"倾向。"功能主义"是一种处世哲学，它认为形式应当服从于用途、材料和结构等要求，目的高于一切。功能主义主张或强调事物的实际用途，特别是在三个领域：一是艺术设计，主张对象的设计不是从它的美学考虑，而是根据它的功能来决定的，因为实用的设计本身具有内在的美；二是社会科学，有这样一种理论，主张社会的方方面面都服务于一个功能，它是社会存在的必要条件；三是心理哲学，心理状态的形成事出有因，这种心理状态又诱发其他心理和行为方式。

上面三条解释中的"艺术设计"特别重要并且十分有意义。在"逻辑学"解释和"功能主义"解释中，一再提到"形式"和"功能"，前者强调了两者之间的关系，后者主张形式服从功能、形式跟随功能。如果取后者，那么功能翻译可以构成如此表述：翻译的形式服从它的功能。

第二节　功能翻译理论的代表观点

功能翻译理论颠覆了传统意义上人们对翻译和翻译性质的界定，认为翻译应从交际理论和行为理论出发，指出翻译是翻译互动行为中的一种，是一种基于原文本的目的性的跨文化人际互动交往行为。功能翻译理论主要经历了四个发展阶段：赖斯的文本类型和翻译批评理论、弗米尔的目的论、曼塔利的译者行动理论、诺德的文本分析和功能加忠诚理论。随着翻译实践和研究的发展，各类翻译理论如雨后春笋般竞相争鸣。其中有些翻译理论的主张与功能翻译理论较为一致，笔者将其纳入功能翻译的行列，主要包括生态翻译观、认知翻译观、体裁理论等。

一、赖斯的文本类型和翻译批评理论

卡塔琳娜·赖斯是德国功能学派的重要代表人物之一，是第一位站在翻译研究的角度对文本类型进行划分、分析的学者。赖斯试图创立一种基于原语语篇和目的语语篇功能关系的翻译批评模式。她理想中的翻译是"目的语语篇和原语语篇在思想内容、语言形式以及交际功能等方面实现对等"，并称此类型的翻译为"完整的交际行为"。

赖斯将自己提出的文本类型理论和翻译策略联系起来作为一种具体的理论，放在她和弗米尔的合著中讨论。赖斯认为，文本类型理论可以帮助译者确定特定翻译目的所需的合适的对等程度。同时，她区分了文本的两种形式：一是文本类型，按照主体交际功能，可分为传意、表情、使役；二是语篇体裁或变体，按照语言特征或惯例常规，可分为工具书、演讲稿、讽刺作品、广告等。在她看来，每种文本类型都可能包括多种不同的体裁，但一种体裁（如书信）不一定只涉及一种文本类型，如商务信函可为传意，情书可为表情，求助信可为使役。

语篇体裁特征是约定俗成的，因此体裁分类对翻译策略的选取有重大意义。所有类型的翻译在具体情况下都可以得到合理的解释。逐字翻译在对比语言学研究中非常有用，而语法翻译对外国语言学习则有很大帮助。在总结前人所总结的文本类型的基础上，赖斯又依据德国心理学家卡尔·布勒有关语言功能的观点，将"语言工具论模式"移植于翻译，建立了一个新的文本类型模式，并把语言功能、文本类型和翻译方法联系起来，如表 1-1 所示。

表 1-1　赖斯关于文本类型与对应翻译方法的描述

文本类型	讯息型	表情型	感染型
语言功能	表达事物与事实	表达情感和态度	感染文本接受者
语言特点	逻辑的	美学的	对话的
文本焦点	侧重内容	侧重形式	侧重感染作用
译文目的	传递原文所指内容	表现原文的美学形式	引起预期回应
翻译方法	语言简朴，按照要求做到简洁明了	仿效，忠实原作	编译，等效

第一，讯息型的文档属于在实情方面的日常沟通，含有讯息、学识、观念等。这方面的语言具有条理性及时称性的特征，实质及主旨为交流沟通的关键。翻译的时候要把当中的讯息都进行翻译，翻译的文字必须为通俗易懂的大众话，避免冗杂多余，且在需要的时候应用明白清晰的方法，需要重点把所有讯息及专业用语进行翻译，不需要在关于格调的繁枝细节上太过执着。其象征性作品为科普大全、使用指导、汇报稿之类。

第二，表情型文本是创造性的写作，语言具有美学的特点，作者或文本信息的发送者与信息的形式都很重要，其主要功能是表达作者的情感与态度。译者在翻译时应当在确保信息准确的基础上，反映出原文的艺术形式和审美特点，翻译方法应当是仿效法，忠实于原作。译者应采取和原文作者相同的视角行文，在翻译文学作品时，应对原文作者的写作风格做重点考虑。诗歌、小说等文学作品是表情型文本的代表。

第三，感染型文本是旨在引起行为反应的文本，其功能旨在感染文本接受者，并且使其采取某种行动，如购买商品、同意某种观点等。译者在翻译时应使译文能够在读者中产生预期的反应，这时可以采用"编译"的方法，以达到预期的感染效果。为了确保译文对读者产生感染力，甚至需要添加新词或新图像。这类文本以广告、演讲为代表。

文本类型的划分，使译者明确了不同的文本应采取不一样的翻译策略。然而，只依靠文本类型来决定使用何种翻译策略是不够的。翻译在目的论中，翻译的目的起到了至关重要的作用。

二、弗米尔的目的论

翻译目的论认为："任何一种人类行为都具有目的性。翻译也是一种有目的的行为，是为了实现某种目的或功能的行为。"[①]汉斯·弗米尔于1978年在其著作《普通翻译理论框架》中提出了功能翻译理论的核心——目的论。该理论提出，翻译是一种人类行为，任何翻译都是有目的的，因此翻译是一种目的性行为，而且该理论对翻译目的、原文与译文的关系、译者角色、翻译方法都进行了详细的阐述。翻译是在目的语情境中为某种目的及目标受众而产生的语篇。

弗米尔的目的论是"翻译目的论"理念的核心部分。根据翻译目的论，所有的翻译应遵循三个原则：目的原则、连贯原则和忠实原则。

（一）目的原则

在翻译目的论三大原则中，"目的原则"是首要遵循的原则。弗米尔认为，任何翻译行为都是由翻译的目的决定的，即目的决定手段。同时，她还指出，目的原则对于解决意译和直译、动态对等和形式对等、灵活的译者和保守的译者之间的问题是很有帮助的。也就是说，翻译认为的目的要求可能是意译，也可能是直译，无论采取什么策略，都是由翻译所服务的目的而定的。翻译目的论将翻译行为所要达到的目的概括为三类：译者的目的（以翻译为谋生手段）、译文的交际目的（给读者提供一定的指导）和使用某种特殊手段所要达到的目的（通过逐字直译来解释原文语言的特殊结构）。一般情况下，翻译目的为第二种，其交际目的更为重要。

第一章 功能翻译理论概述

---

① 张沉香.功能目的理论与应用翻译研究[M].长沙：湖南师范大学出版社，2008.

除了目的原则，弗米尔还使用了"目标"（aim）、"目的"（purpose）、"意图"（intention）和"功能"（function），这些都是影响目的的因素。其中，意图和功能是影响目的最主要的两个因素。意图是从发送者的角度定义的，而功能是指文本功能，它是由接受者的期望、需求、已有知识和环境条件共同决定的。在商业广告中，"意图"应该是以生产商为导向的，"功能"是以消费者为导向的。所以，在商业广告英译过程中，译者应该从意图和功能两方面考虑如何平衡二者之间的关系。

在弗米尔的目的论框架中，决定翻译目的的最重要因素之一是受众，即译文所指的接受者，他们有自己的文化背景知识、对译文的期待以及交际需求。每一种翻译都指向一定的受众，因此翻译是在"目的语情境中为某种目的及目标受众而生产的语篇"。①弗米尔认为，原文只是为目标受众提供了一部分或是全部信息的源泉。由此可见，在翻译目的论中，原文的地位明显低于其在对等理论中的地位。因此，在"意图"和"功能"不一致时，按照目的原则，应以目标受众（功能）为主。

（二）连贯原则

创作过程中，除了应该符合"目的原则"，还要符合"连贯原则"和"忠实原则"。连贯原则又被称为语内连贯原则，它要求"由译者产生的信息（目标文本）必须能够用与目标接受者情景相连贯的方式解释"。②因此，译者应该尽可能地考虑目标受众的文化背景和社会环境，能够使译文最大限度上实现语义连贯，具有可读性和可接受性，让接受者能够理解其义，这样信息交流才能成功。

（三）忠实原则

忠实原则也可以理解为语际连贯原则，要求以翻译目的为核心，在预定好的框架之内，保持原文本与目标文本之间的关系。需要注意的是，翻译前后应该保持一致。为更好地诠释原文本和达到翻译的目的，译者要灵活采用

---

① 克里斯蒂娜·诺德. 目的性行为——析功能翻译理论 [M]. 上海：上海外语教育出版社，2001.

② 卞建华. 功能主义翻译目的论研究：传承与超越 [M]. 北京：中国社会科学出版社，2008.

翻译方法。语际连贯其实大多是对原文件的模仿。忠实原则处于连贯法则的基础之上，但是这两种原则都要以目的原则为前提。

在翻译过程中，译者应以所要达到的目的为主来进行翻译，不必与原文对应，这时忠实原则就不再适用。如果目的原则要求译文以原语为导向，但是可能不够通顺，达不到原定的目的，那么就不符合连贯法则的要求。忠实原则要以连贯原则为前提，而目的原则又是这两个原则的基础。这三项原则既互相联系，又互相牵制，三者缺一不可。所以译者在翻译时应该坚持以目的为前提，并且坚持语内连贯和语际连贯。

三、曼塔利的译者行动理论

1981年，贾斯塔·赫兹·曼塔利基于交际理论与行为理论提出了翻译行为理论，目的是为专业翻译情境提供一个模式和指导。翻译行为理论的主要内容如下。

第一，它区别了"翻译"和"翻译行为"这两个概念，前者是一个狭义的概念，涉及原语文本的使用；后者是一个广义的概念，涉及译者为翻译所做的一切，包括在翻译过程中给予文化或技术上的参考意见。翻译行为的概念适用于所有翻译，可以指导译者的翻译决策。

第二，翻译是一种有目的的互动行为。这种行为涉及的参与者包括行为发起者、委托人、原文本制作者、译者、目标语接受者及目标语使用者。

第三，翻译是为实现信息的跨文化、跨语言的交际行为。

第四，翻译是一种文本加工的行为。翻译行为理论强调了译文在译语文化中的交际功能，因此译文的形式并非照搬原文模式，而是取决于是否在译语文化中合理地为其功能服务。翻译行为非常重视为接受者提供一个功能性的交际文本，即在形式和文体上与目的语文化达到功能性适合的目的语文本。功能性适合由译者确定。译者是翻译行为的专家，其需要确保文化转换能够圆满完成。在目的语文本制作过程中，译者要分析原语文本，目的是弄清其结构和功能特征，其特征可用"内容"和"形式"来描述。接受者的需要是目的语文本的决定因素。

曼塔利构建此种理论的目的是确定指导翻译行为的种种要素，这种行为被看作一种专业的文本写作，行为是由功能、目的和结果决定的。翻译行为的目的是产生"信息传递符号",而这些符号要应用于整体行为。整体行为的目的是指导、协调交际、进行合作。

在翻译行为中,文本是"信息传递符号"的复合体,它根据功能来架构,以文本作为表现形式。原语文本是翻译发起者和委托人指定的文本,给翻译行为提供原语材料;目标文本要么被翻译发起者使用,要么被其他使用者使用。

功能概念有两个重要的内涵:其一,它使翻译行为的结果置于人类需求的复杂系统之中;其二,它把翻译行为置于社会劳动结构中,即社会是由劳动分工组织协调的。翻译行为的主要角色由一人、多人或多个机构来扮演,而这些角色包括发起人、文本生产者、译者、目标文本使用者、文本接受者。

译者是专家,他们的任务是产生"信息传递符号",用于跨文化信息转换。要做好这一环节,译者必须在特定的地点、特定的时间,为着特定的目的,产生特定的产品,因此他们必须利用得当的信息来指导翻译行为,而且他们的行为必须与委托人具体协商来确定。翻译行为还需规定截止日期。因此,翻译行为涉及的不只是译者。

把翻译置于有目的的行为之中,后者又镶嵌在整个人类行为的多层级总和之中,从属于跨文化交际总目标。由此,翻译的范围不应只局限于翻译单位、原语文本、文体等要素,理论上,翻译行为应把人类跨文化交际所涉及的各种要素考虑进去,特别包括委托人所定义的文化、最广义的文本产生过程和专家行为的概念。

因为不同的文化有不同的规范,所以在跨文化的文本产生过程中,原语中的成分可能需要被更适合文本功能的目标语成分所替代。文本的产生是翻译行为的产物。翻译所产生的文本作为"信息传递符号"被委托人使用,和其他非翻译文本一道用于跨文化信息传递。信息传递的目的是协调交际,而协调的目的是使合作取得整体目的。

在确定文本规范,即目标文本所需的性质和特点时,目标文本以外的很多因素对翻译文本的操作影响巨大。这些因素包括行为目的、行为实现的方式、给付的报酬、文本的交付日期、参与人的角色、行为的整个目的等,所有这一切都必须与委托人协商解决。

作为翻译行为的专家,译者负责完成委托任务,即完成功能适当的文本。译者决定翻译文本是否实现所需的功能、什么时候实现、怎样实现、委托的任务是否依赖目标文化的具体情形。为了得到恰当的翻译文本，译者必须和委托人协商，设想一系列的具体情形。文本的翻译过程以分析、综合、测估和创造性的行为为基础，一系列的行为必须考虑所译文本的最终目的和不同文化的方方面面，以便克服不同文化之间的障碍。

曼塔利认为，行为概念对所有类型的翻译都起作用，其理论对译者的每次决策都提供指导。因为翻译行为缘起于行为之外，所以发生行为的原因至少部分由目的和目标决定，而且目的和目标对每个翻译个案的影响都有所不同。

根据曼塔利模式，翻译被解释为"一种复杂的行为，用来取得特定的目的"，翻译的属概念是"翻译行为"，翻译行为的目的是通过译者生产的信息传递符号，跨过文化语言障碍，转移信息。译者在跨文化交际中是生产"信息传递符号"的专家。[①]

曼塔利的翻译行为理论实际上跟弗米尔的目的论以及赖斯的文本类型理论一脉相承，即翻译目的决定翻译策略和方法。

四、诺德的功能翻译思想

诺德的功能翻译思想体现在她的代表作《模式》和《译有所为》中，主要包括以下几方面内容。

（一）*功能加忠诚翻译思想*

诺德提出的功能加忠诚理论是她对翻译学最重要的贡献之一。功能指的是使译文在译语环境中按预定方式运作的因素。诺德根据曼塔利有关翻译的激进功能主义观点，创造性地将"忠诚"原则引入功能翻译模式。"忠诚"是人际范畴的概念，指人与人的社会关系。忠诚原则为功能途径增加了两个特质，要求译者考虑到翻译过程中涉及的两种文化及其特有的翻译理念的差异，从而把目的论变成一种反普遍性的模式；另外，忠诚原则引导译者推知并尊重信息发送者的交际意图，从而减弱了激进功能主义的规定性。忠诚原则兼顾了翻译发起人、译文受众及原文作者三方的合理利益。诺德的功能主义方法论建立在功能加忠诚两大基石之上，虽然这两个原则看似相互矛盾，但是它们的结合尤为重要。

---

① 卞建华. 功能主义翻译目的论研究：传承与超越 [M]. 北京：中国社会科学出版社，2008：89.

（二）环形翻译过程

诺德设计了环形翻译过程模式。该模式包含四个步骤，依次为翻译纲要分析、原语文本分析、翻译策略设计、目标文本生成。翻译在任务委托人制订好目标文本功能和要求后开始，首先为翻译纲要分析，如果有必要，可以逆方向进行，直至所产生的目标文本符合目标环境。诺德指出，在原语环境和原语文本之间，目标语环境和目标语文本之间，每一个具体步骤的分析之中，以及原语文本和目标语文本分析之间，都存在一系列的循环活动。这意味着译者对前一步骤的回顾，可以对之前在分析和理解过程中所获得的信息予以确认或更正。翻译过程的四个步骤构成一个环形翻译整体，其中每个步骤都是一个次级环形，第一步为检测文本翻译的可行性；第二步为对比分析原语文本和目标文本，进行翻译策略的选择；第三步为文本翻译；第四步是根据翻译纲要对生成的译文进行检验，具体过程如图 1-1 所示。

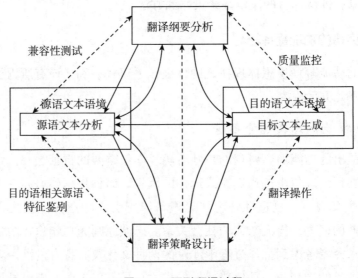

图 1-1　环形翻译过程

（三）翻译纲要分析理论

"翻译纲要"是翻译任务的委托人制订的翻译要求。诺德认为，合格的翻译纲要应包含或暗含如下信息：译文的预期功能、读者、传播媒介、出版时间和地点，有时也包括译文目的或译文出版的动机。诺德同时强调，译者对翻译纲要的领会是明确翻译动机、合理选择翻译策略的基础。

（四）原文分析理论

原文分析在翻译过程中起着统领和导向的作用，主要包括翻译任务的可行性、原文与译文相关的信息、使译文符合翻译纲要的翻译策略。

诺德提出，原文分析应从文外和文内两个维度进行。文外因素包括信息发送者及其意图、信息接收者及其期望、文本媒介、文本交际的时间与地点、动机等；文内因素包括主题、内容、前提、非语言因素、词汇、句型结构、超音段特征等。以翻译为导向的文本分析过程要求译者能透彻地理解原语文本，准确地阐释原语文本，或者能解释语言和文本的结构及其与原语系统规范的关系，还应考虑到翻译过程中影响译者决策的一切因素，以提供制订翻译策略的依据。

（五）功能翻译策略

诺德以雅各布森的语言功能分类为基础，将文本功能分为四类：指称功能、表情功能、诉求功能、寒暄功能。她指出，在实际翻译中要根据不同功能的文本采取不同的翻译策略，主要有纪实翻译和工具翻译。纪实翻译强调原语文化，重在再现原文发送者同原文接受者之间交际的情境，包括逐字对译、字面翻译、注释翻译和异化翻译；工具翻译强调译语文化，重在表达原文发送者与译文接受者之间新的交际情境下的互动，包括等功能翻译、异功能翻译和类体裁翻译。

五、生态翻译观

生态翻译观是一项较新的翻译思想，国内译界的许多研究者将其称为"生态翻译学"。生态翻译观是生态学和翻译学互相渗透的结果。生态翻译观将生态学的研究成果引入翻译研究，将翻译与生态环境相结合。根据生态学的原理，生态翻译观的研究对象为相互之间的关系，对不管是哪种原因导致的翻译现象进行研究，站在生态学的位置上来研究、审视翻译，目的是对各种翻译现象能够有更全面的剖析及阐释，对翻译的发展规律了如指掌，明确翻译未来的发展方向及趋势。生态翻译观的主要内容如下。

（一）翻译适应选择论

翻译适应选择论是生态翻译学的核心理论。该理论研究以达尔文生物进化论中的"适应选择"学说为指导，利用作为人类行为的翻译活动与"求存择优"自然法则适用的关联性和共通性，探讨"翻译生态环境"中译者适应与选择行为的相互关系、相关机理、基本特征和规律，从"适应"与"选择"的视角对翻译的本质、过程、标准、原则和方法等做出新的描述和解释，论证和构建了一个以译者为中心的"翻译适应选择论"。

在自然界中，"适应／选择"学说的实质是任何生命体都具有适应自然环境的能力，生命体只有适应了自然环境才能生存和繁衍；或者说，任何生命体的生存和繁衍都是接受自然的选择、适应自然环境的结果，这就是适应、生存的自然法则。

在翻译中运用"适应／选择"学说的基本原理就是译者（译品）要适应翻译生态环境，要接受翻译生态环境的支配。根据"适应／选择"学说的基本原理，译者可以分两个阶段进行翻译，即"自然"选择译者和"自然"选择译文。这里所说的"自然"是"翻译生态环境"，也就是原文、原语言和目标语言的结合，即作者、读者、语言、文化、交际、社会等互相结合的整体。翻译生态环境是制约译者做出适应和选择的多种因素的集合。

根据"适应／选择"学说的原理，译者被"自然"选择的阶段是以原文为典型元素的翻译生态环境选择译者的翻译阶段，这个阶段可以看作译者适应翻译生态环境阶段，即译者适应阶段。译文被"自然"选择的阶段是以译者为典型要素的翻译生态环境选择译文的翻译阶段，也就是译者以翻译生态环境的"身份"进行选择，产生译文。

由以上阐述可以看到，译者产生译文的翻译过程可以视为译者运用"适应／选择"学说进行适应和选择活动的过程。同时，在翻译过程中，译者和译文需要接受翻译生态环境的选择。翻译的历史和现实都表明，译者的价值体现在译品中，译者的翻译质量取决于译品。从这个角度来看，译者和译品共同遵循着"优胜劣汰、适者生存"的自然法则。

翻译适应选择论（其具体内容如图 1-2 所示）具体阐述和例证了生态翻译理论对翻译本体的解释功能。

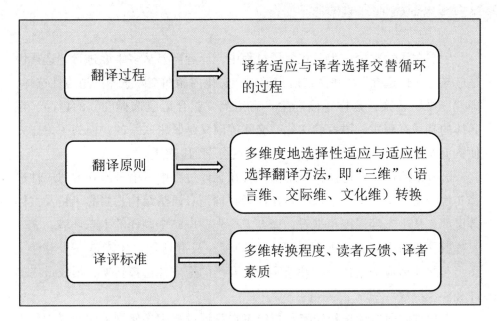

图 1-2　翻译适应选择论的具体内容

（二）翻译生态环境

在"翻译即适应与选择"的视角下，生态翻译学理论将"译者为中心"的理念明确地体现在翻译的定义之中——翻译是译者适应翻译生态环境的选择活动。

翻译生态环境是原语言和目标语言共同呈现的"世界"，既包括作者、读者、委托者、语言、文化、交际、社会等互相结合的整体，又包括原语、目的语、读者、社会历史环境等一系列相关因素。在翻译过程中，所谓的"自然"指的是所有可以制约译者翻译活动的因素，被统称为"翻译生态环境"。生态翻译学理论认为，翻译活动和所有其他的自然界的活动一样，都需要适应自然，译者对于目的语文本的选择是以自身对多种生态环境的适应为基础，如果在翻译的过程中译者不能充分适应多种生态环境的要求，其所做出的选择就会被自然淘汰。

从翻译适应选择论的视角来看，翻译是译者被翻译生态环境因素所左右的选择活动。这种自觉或不自觉的选择存在于翻译过程的各个阶段，发生在翻译活动的各个层次。这种选择背后的机制和动机，正是整个大环境当中的"适者生存""汰弱留强"。于是，翻译过程中译者的适应和译者的选择，便在翻译生态环境的基础之上实现了契合。

生态翻译学理论认为，在翻译过程中，译者需要从多维度进行"选择性适应与适应性选择"，并注重语言形式、文化内涵和交际意图的适应性选择，即"三维"转换，这样才能产生具有适当"整合适应选择度"的译品。在具体的翻译过程中，语言、文化、交际等因素是紧密联系的，但为了论述方便，下面将从语言、文化和交际三个维度分别加以阐述。

语言维的适应性选择转换是指译者在翻译过程中对语言形式的适应性选择转换。语言维的适应性选择转换体现在词汇、语法结构、修辞风格及文体等层面。从生态翻译视角来看，译者需要先适应整个翻译的生态环境，充分发挥其主体作用，摆脱原语言形式的束缚，只有这样，才能进一步对译文做出与之相适应的选择，巧妙地实现语言维的适应性选择转换，形成最终的译文。

文化维的适应性选择转换是指译者在翻译过程中需始终关注双语文化内涵的阐释与传递。文化维的适应性选择转换囿于原语文化和目标语文化在内容和性质上存在的分歧与差异，需要译者在适应该语言所属整个文化系统的前提下进行原语语言转换。不同的文化可能使在原语文化中耳熟能详的语言在目标语言文化背景下给观众造成理解上的障碍。所以，为了避免因文化差异造成的误解，译者需要在考虑到文化因素异同的前提下进行语言转换，关注双语文化内涵的解释与传递，做出既能与原文相应，又可契合不同文化的译文选择。

交际维的适应性选择转换是指译者在翻译过程中要关注双语交际意图的适应性选择转换。交际维的适应性选择转换要求译者将选择转换的侧重点放在交际层面上，在语言信息的传递和文化内涵的转换之外，更要关注原文中的交际意图可否在译文中得以体现。作为一种跨文化活动，翻译的目的是信息交流，而字幕翻译正是跨文化交流的一种途径。字幕翻译的特点之一就是要能体现作品中各种角色之间的交际意图。译者在翻译时必须要注意两种语言交际意图的适应性转换，既要阐释语言的字面意思，又要强调它的交际作用。

同时，翻译生态环境学说运用"适者生存"的自然法则提出并论证了翻译过程中译者的中心地位和译者的主导作用，以及译者"自我适应"的适应机制和"事后追惩"的制约机制。

第三节　功能翻译理论的要素表达

一、翻译过程

功能翻译理论认为，翻译过程通常由翻译的客户或者发起人联系译者来启动，为某个具体的目标语受众或者接受者提供一份目标语文本，除此之外，也可能是因为发起者本人需要借助目标语来理解某一份由原语作者或者原语文本生成者写成的原语文本，还可能是某一份由原语发送者在特定的原语文化条件下传送来的原语文本。功能翻译理论认为，翻译过程中的关键参与者和要素按照时间顺序排列，主要包括原语文本生成者、原语文本发送者、原语文本、原语文本接受者、发起人、译者、目标语文本、目标语文本接受者（以下称之为"受众"）。在翻译实践中，其中一些角色可以是同一个人。例如，翻译的发起者既可以是原语文本生成者，又可以是目标语文化接受者，还可以是译者本人。以下逐个考察翻译过程中的各个参与者及要素。

第一，关于原语文本发送者和原语文本生成者（以下称之为"原文作者"）。很多情况下，两者是合二为一的，以非文学文本为代表的许多文本没有提到作者的名字，如广告、法律法规或者操作说明。即使没有被明确提到，我们也可以通过暗示了解作者的存在。例如，广告的发送者通常是销售该产品的某公司；法律法规的发送者通常是立法机构。通常情况下，当原文作者没有被明确提到时，要么他们的存在并不重要，要么他们希望匿名。

如果文本同时具有发送者和原文作者的名字，那么后者的地位通常低于前者，因为人们通常认为赋予文本交际意图的并不是原文作者。文本的发送者是使用文本向他人传递某一信息或产生一定效果的某个人或者机构等，而原文作者根据发送者的指令写成文本，并要遵循相关语言和文化中有效的文本生成规则和规范。一方面，译者和原文作者都必须遵守发送者或发起人的指令，必须遵循目标语和目标语文化的规则、规范，但如果他们愿意，就可以享有一定程度的自由，用以发挥自身文体创造性和偏好；另一方面，他们可以自主决定采用原语文本的文体风格，前提条件是不能违背目标语文化的文本规范和常规。

第二，关于翻译行为的发起人。翻译过程是这样启动的：翻译发起人因为某个目的需要一个目标语文本（以下简称"译文"）。发起人或者阅读译文的人对文本的接受程度均取决于该目的，也就是说，发起人的目的决定了译文需要达到的要求。要想让译文符合某一特定目的，必须满足翻译纲要所规定的一些要求，例如译文的使用情境。实践中，虽然发起人常常不能准确阐明翻译纲要，但他们头脑中肯定知道该译文的用途。此时，译者作为目标语文化的专家，需要将发起人提供的有关译文使用情境的信息转化为切实可行的译文。功能翻译学派认为，一方面，发起人的需要决定译文的既定功能或目的，并使翻译过程得以运行；另一方面，虽然发起人决定译文的目的，但最终对译文负责的人是译者。只有译者才有能力决定是否可以根据原文文本实际生成发起人所需的译文，如果可以，再确定具体采用什么方法和技术才能成功地完成译文。

文本功能是由文本所处的情境决定的。翻译纲要应当尽可能多地包含与译文的接受有关的情境因素等信息，如受众或者可能的接受者、文本接受的时间和地点、打算采用的媒介等。有关受众的信息（如社会文化背景、对文本的预期、受众可能的受影响程度等）尤为重要。有关译文受众的说明信息越明确、清晰，越有利于译者在翻译过程中做出适宜的决策。

第三，关于文本。文本是语言手段和非语言手段共同作用而实现的交际行为，具有交际功能，一般具有衔接和语义连贯的特点。文本的接受程度取决于接受者的个人预期，而接受者的个人预期又由其接受文本时的情境以及本人的社会背景、世界知识和其交际需求来决定。虽然原语文本发送者的意图和接受者的预期可以完全相同，但二者不必完全一致，也不必完全相融。如果译者不了解原语文本生成的情境，而且也无法向文本发送者或生成者询问相关信息，那么译者就不得不依靠臆测进行判断。文本作为作者意图的产物，在其被实际接收之前一直处于临时件的状态。文本的接受者完成了交际情境并定义了文本的功能。可以说，文本作为一种交际行为，是由接受者完成的。

第四，关于原文的接受者和译者。译者既是原语文本的接受者，又是目标语文本的生成者，是翻译过程中的核心参与者。译者作为原语文本的接受者，与普通接受者有本质性不同，即译者阅读文本不是为了自己获取信息或学习、娱乐等个人需求，而是为了翻译的发起人或者译文的接受者，为了通过翻译传递原语文本中的信息。译者通常在开始阅读原语文本之前就了解翻译纲要，或者译者根据翻译情境进行推断，因此译者在文本接受过程中会受到翻译纲要的影响。同时，专业译者不会采取幼稚或者直觉的方式阅读需要翻译的文本，而是对其进行批判的、全面的、以翻译为导向的分析。专业译者对每一篇新的原语文本的阅读依赖自己的经验。

需要特别注意的是，文本的接受效果由接受者的具体能力决定，也就是说，接受者与接受者之间存在个体差异。理想的译者兼接受者是具有双文化的，译者本人完美掌握了原语语言文化和目标语语言文化，并且具备转换能力，包括文本接受能力、文本生成能力、使用翻译工具的能力，以及使原语文本接受和目标语文本生成保持同步的能力。因此，译者一方面需要掌握原语文化，重现原语文本接受者可能做出的反应，另一方面应能够预测到目标语接受者可能做出的反应，借此确定译文是否能够达到功能上的要求。

由于译文的接受者和原文的接受者属于不同的文化和语言群体，译文与原文所针对的接受者绝不会相同。在分析文本的过程中，译者需要找出由原语文本特定读者倾向所决定的文本成分或者特征。每一篇目标语文本总是要面向具体情境中的接受者，译文的接受者与原文的接受者是不同的，因此改写这些文本成分显得尤其重要。

第五，关于受众。诺德认为，尽管翻译理论普遍承认受众的重要性，但是在翻译实践中，没有比受众更容易受到忽视的因素了。诺德指出，在与翻译有关的几乎所有文本分析方法中，受众被认为是非常重要的因素。人们重点关注了受众的交际角色，受众对发送者的预期受众的交际背景和社会环境，受众相对于文本题材的位置以及语言特征。柯勒认为，受众的情景是最为突出的语用特征。文本读者的确定可能与文本类型有关系，也可能完全没有关系。例如，科普文本这一文本题材可能有以下读者：儿童、青少年、成人（包括科学家和非科学家）。

诺德认为，译者需要区分某一文本的受众和偶然性接受者，前者是发送者所针对的人，后者是偶然阅读到该文本的人，即不是发送者直接面向的对象。如果译文和原文以对照形式发表，那么原语参与者或者具有一定原语知识的读者会将译文和原文进行对照，这些人也可被认为是"次级接受者"，他们感兴趣的不仅是文本信息，还有该信息传递给目标语读者的方法。考虑到这样的次级接受者，译者最好是在文本前言或者附录中对其采取的某些翻译策略进行点评。

摘选出目标语文本既定接受者的所有有关信息后，译者就可以将该信息与原语文本接受者的特征（如年龄、性别、受教育程度、社会背景、籍贯、社会地位、与发送者的关系等）进行对比。

受众的交际背景，即普通背景知识和专业领域、题材的知识十分重要。原文作者会根据对读者交际背景的估计，选择用于文本的具体语码成分，还会减少或者完全略去那些属于接受者"知识前提"范畴内的细节，而突出其他细节，甚至提供额外信息，这样做的目的是不会对文本针对的读者预期太高或者太低。读者具备的知识不仅取决于读者的受教育程度或者对相关题材的熟悉程度，还取决于题材本身的相关因素。

作者在传递文本时要实现一定的意图，同样，接受者在阅读文本时也具有一定的意图。一定不要把接受者的意图与对文本的预期相混淆，这属于交际背景的一部分，或者对文本做出的反应，这发生在文本接受以后，属于文本效果的一部分。译者获取受众的有关信息，有助于了解发送者的意图、交际时间和地点、文本功能以及文内特征。

译者不仅要分析原文文本受众的特点和其与原文文本的关系，还要分析译文文本接受者的特点，因为他们的预期、知识和交际角色会影响目标语文本的问题组织方式。

受众的信息不仅可以从文本环境中推断出来，还可以从发送者及其意图的有关信息或情景因素，如媒介、地点、时间和动机中获得。

虽然文本生成者在正常情况下会尽力满足目标读者的预期，但是有时作者也会忽视甚至故意无视受众的预期，目的是希望受众注意到或者了解某些思维模式等。

第六，关于文本功能与发送者意图。发送者要文本实现什么功能？发送者传递文本要对接受者产生什么效果？通常，意图、功能、效果三个概念难以区分。相对于布勒将"作者的意图"等同于"目的和效果"，诺德认为，三个概念是对统一交际方面的不同观点。意图是从发送者的角度界定的，发送者想利用文本达到某一目的。但是，良好的意图不能保证结果与意图所要达到的目的一致。受众接受具有一定功能的文本，这个行为是交际行为。文本功能是由发送者的意图和接受者基于对情景的了解而产生预期的所有情景因素构成的系列或群体形成的，因此发送者要利用文本达到什么目的，不能归结为文本功能因素，而属于意图范畴。文本功能在接受者实际阅读文本前从外部界定，而文本对接受者产生的效果只能在接受者接受后才能加以判断。文本对接受者产生的效果是接受所产生的结果，包括内部和外部两个方面的因素。

理想的情况是意图、功能和效果三个因素相互一致，这意味着发送者意图使文本具有的功能被接受者划归于文本，接受者体验了与该功能有关联的效果。诺德认为，这三个因素就方法论上而言，需要进行区分，因为对其分别进行分析要求在翻译过程中采取不同的对策，如保留、改变、改写。如果在翻译中保留原来的意图，译者往往需要做好改变功能或效果的准备。

发送者的意图对译者来说特别重要，因为意图决定了文本内容和形式的组织。同时，文本的具体组织形式也会显示文本类型，并作为信号告诉接受者使用文本时应该期待文本具有什么功能。发送者的意图对于忠诚原则十分重要，即使文本功能在译文中发生了改变，译者也绝不能违背发送者的意图。意图特征的相关信息能够帮助阐明其他外部因素。例如，意图对接受者产生什么效果，实现意图的最合适或者最常规媒介是什么，或者意图和文本体裁之间是否存在某种联系，也能在很大程度上阐明文内特征（如构成、修辞手段或者非语言成分、语气等）。

二、翻译的功能类型

（一）隐性翻译和显性翻译

豪斯认为，翻译包括两种，即隐性翻译和显性翻译。隐性翻译是最大限度地保留原文的原汁原味，把译文打造成目标语文化的模子；显性翻译具有更强的功能，即它不直接告诉目标语读者应该怎样，而是增强目标语读者对译文目的的意识观念。豪斯赞成翻译具有对等性，而且把自己倡导的翻译分类同原文特点相融合。

在显性翻译中，原文以特定的方式和原语社会与文化紧密地联结在一起；原文的对象是原语读者。在隐性翻译中，原文不是明确相向目标语文化受众，也就是说，原文并不特别维系在原语社会和原语文化上。

（二）按文本概念划分的翻译类型

赖斯将文本构成、翻译分类和翻译宗旨相联系。她提出，不论哪种翻译类型，都是以客观需要为条件，以达到翻译宗旨的目的的，如进行逐个词语翻译、按照字面意思直接翻译、为达到教学目的进行的翻译等。然而，她同样也赞同用翻译来达到交际目的是最终的翻译目标的观点。因此，她认为，理想的译文应该是语言形式和原文相似，用于交际的目的和原文保持一致，并且句式构成、词语释义、语法作用等方面和原文具有同等的功能。

弗米尔吸取了赖斯的观点，提出"翻译即模仿"。弗米尔将模仿形式归类为狭义的翻译概念，是人类的一种文化传统。同时，他引用了图里有关这种现象的评论。

只要我们对当今种种翻译理论稍加审视，即可发现，这些翻译理论并非把可译性作为其中的一种概念，而是将"翻译"简化为"可译性"，而且它们只是对广义上的可译性概念进行了限制性的论述，因为它们总是列出种种特定条件，认为那些条件才是唯一可行的条件。

（三）文献型翻译与工具型翻译

在参考豪斯和赖斯观点的基础上，笔者试图对翻译类型进行定义，即用准确的功能翻译理论专有名词划分翻译过程和译文的不同作用。

笔者认为，翻译类型包括两类：一类是文献型翻译，其目的就是依靠目标语进行创造性翻译，形成一个具有交际功能的译文，作为原语文化的信息创造者和接受者进行交际活动的媒介；另一类是工具型翻译，它是通过目标语的形式仿照原文进行创新，成为一种工具，作为原文化信息发送者和目标语文化接受者相互交往的方式。下面分别分析"文献型翻译"和"工具型翻译"。

1. 文献型翻译

文献型翻译最终形成的译文是一个文本，并且具有超文本功能，类似于豪斯提出的更高层次的功能。这时候，译文单纯的就是某个文本的翻译，或者是某个文本某一方面或者某几个方面的翻译内容。文献型翻译具有多种类型，反映了原文的不同角度。

假如一种文献型翻译把原文中表现原语系统的形式、词语或者句式构成作为重点，那么译者可以使用逐词翻译或者远行翻译的方法。这种翻译方法在对比语言学或者语言百科全书中应用比较普遍，旨在按照一种语言形式来解释另一种语言的构成特点。

假如某种文献型翻译是通过目标语的方式对句式构成和词语搭配进行改写，完全遵照原文的形式，这种方法就叫直译或者语法翻译。语言教学经常采用这种翻译方法。另外，一些外国政治家演讲、翻译论文著作中的直接引语、进行新闻报道时也会使用此种方法。研究多种文化时也会综合使用逐字翻译和语法翻译。

假如某种文献型翻译根据字面意思将原文翻译成译文后，在脚注或者术语表中附加相应的备注，用来解释说明原语文化或者原语的某项特征，这种翻译方法就叫作文学翻译或者教学翻译。

假如小说翻译中使用文献型翻译的方法，对原语文化中的背景资料全部详细保留，就有可能使目标语读者对原语文化一知半解或者让读者不能认同与理解原语文化，这种翻译方法就被称为异化翻译。因为异化翻译使原文的交际作用发生了变化，所以它属于文献型翻译。原文可能只是为了达到提醒读者把握事物发生的社会文化环境等诉求表达作用，但是译文给目标语读者展现出原语的文化风俗等传意作用。

2. 工具型翻译

运用工具型翻译生成的译文具有同原文一样的作用。等效翻译是指译文和原文的功能作用完全一致。异效翻译是指译文和原文的功能不一致。从文学地位角度来说，译语文化中的译文和原语文化中的原文具有同等的价值，就叫作同效翻译。下面分别对这三类翻译方法进行解释说明。

通常在进行技术文本、计算机手册以及其他实用性文本翻译时需要采用等效翻译，用来对使用方法、食物做法、旅游攻略和产品介绍进行解释说明，这就是赖斯提到的交际翻译范畴。因为读者对于看到的作品是不是翻译文本没有意识，甚至并不在意。但是大家应该注意，工具型翻译并不适用于所有的技术性文本翻译。等效翻译往往应用固定的模板或者样式。

假如因为文化差异或者存在时间差别，原文的某些作用不能全都留存，或者原文和译文的层次水平有差距，就可以采用异效翻译的方法。比如，想要把乔纳森·斯咸夫特创作的《格列佛游记》或塞万提斯的作品《堂·吉诃德》译成儿童类译本，就必须了解异国文化背景。因为现代许多读者对原文的写作背景不熟悉，完全理解不了原文中的讽刺性语法的使用，所以只有在异国文化背景的基础上，才能把原文翻译成为具有滑稽性的小说译本。奈达主张的"动态对等"，同样是为了达到某种诉求以适应原文指称功能。

在进行同效翻译的过程中，原文和译文在一个语料库或者系统体系中的层次和地位决定了它们之间的区别和联系。文学类和诗歌类文章通常应用同效翻译，在这种情况下，译文文化语料库和原文文化语料库要尽可能保持一致性和创造性。例如，希腊的六步格诗是古希腊诗作的普通形式，将其译成英文时，并不译成六步格诗，而是译成英诗的普通形式——素体诗或是其他音步诗。

同效翻译与路斯卡诺夫提出的"符号转换"和雅各布森使用的"创造性转换"相似。德国诗人斯特凡·乔治翻译的波德莱尔的诗歌就属于同效翻译。尽管这种翻译方法与翻译本身的范畴背道而驰，但是从功能翻译理论角度来说，它们是按照既定的原则来进行的，所以类似于其他形式的文化交流转换都是符合客观规律的。同效翻译和逐行翻译一样，都把层级不同的原文和译文划分为两个极端，然而从功能定位来说，二者都是符合客观规律的。

第二章　英汉翻译功能与翻译策略

第一节　语言功能与翻译

翻译是语言的艺术。人们使用语言总有一定的目的，总想产生一定的效果，这就是语言的功能。在翻译过程中，译者应力求使译语产生与原语相同的效果，具有与之对等的功能，否则，译语不仅会歪曲原文的意思，而且会背离原语的语用目的。例如，在英语国家，人们早晨见面常说"good morning"，如果译成"好的早晨"，那么译语所发挥的是描写功能，而说话人的目的显然是跟别人打招呼，原语发挥的是人际功能。上述译法不仅歪曲了原语的意思，而且有悖于其语用目的。由此可见，在翻译的过程中，我们必须特别注意对原语功能的分析及其在译语中的重现，只有让译语与原语在功能上对等，才能实现翻译的等值。

要在翻译中取得语言功能的对等，我们首先要探讨一个关键问题：语言到底能发挥什么功能？语言学家对此进行了大量的研究，从不同角度提出过各种观点。从翻译理论与实践的角度来看，德国语言学家巴勒和美籍俄国语言学家雅各布森提出的语言功能理论值得我们研究。

巴勒认为语言有三大功能，其具体内容如图 2-1 所示。

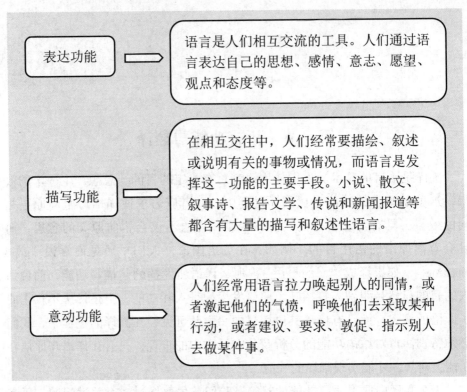

图 2-1　巴勒的语言功能观

除此之外，雅各布森提出语言有另外三种功能，如图 2-2 所示。

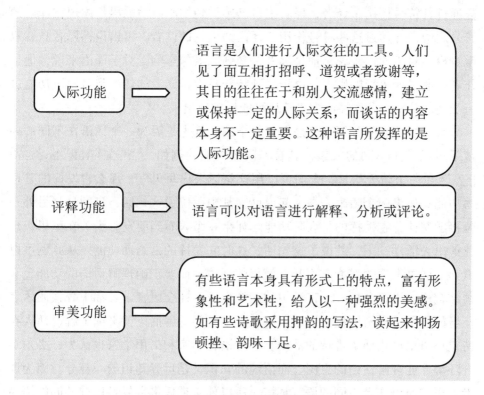

人际功能 ⟹ 语言是人们进行人际交往的工具。人们见了面互相打招呼、道贺或者致谢等，其目的往往在于和别人交流感情，建立或保持一定的人际关系，而谈话的内容本身不一定重要。这种语言所发挥的是人际功能。

评释功能 ⟹ 语言可以对语言进行解释、分析或评论。

审美功能 ⟹ 有些语言本身具有形式上的特点，富有形象性和艺术性，给人以一种强烈的美感。如有些诗歌采用押韵的写法，读起来抑扬顿挫、韵味十足。

图 2-2 雅各布森的语言功能观

20 世纪 60 年代以来，语言功能的研究得到很大的发展。赛尔、罗宾逊、韩德礼、威尔金斯、奈达等语言学家都提出了各自的见解，他们在巴勒和雅各布森的基础上丰富和发展了语言功能理论。同时，语言功能理论的发展对语言的研究与教学产生了重大的影响。语言功能理论也引起了翻译界的注意。近年来，人们开始从语言功能的角度探讨翻译的理论与实践问题。

从语用学的角度来看，翻译的最终目的是使译语具有与原语对等的功能，产生与原语相同的效果。然而，翻译是语际的交流。原语与译语是不同社会约定俗成的两种符号系统，它们有各自的语音、词汇和语法，有各自的结构形式和使用习惯；它们处于不同的文化背景，是各自社会的文化载体。语言的使用离不开特定的环境，语言的功能是在一定的语境中发挥的。原语的功能在原语的语境下产生，并作用于原语的读者。如果把原语放到译语的语境中，它就不一定能具有同样的功能。要使原语在译语的语境中具有同样的功能，产生同样的效果，就必须经过翻译。在翻译过程中，原语的功能首先通过其符号作用于译者，译者把自己感受到的原语功能尽量体现在译语的符号之中，并通过这些符号作用于译语语境下的读者。可以说，译者具有双重身份：对于原语来说，他是读者，受到原语的影响；对于译语来说，他是作者，通过译语影响别人。由于这种特殊身份，译者的任务是对原语功能进行准确的分析，并在译语中将其尽可能地重现出来。

对原语功能的分析有时是十分复杂的。首先是因为一个话语在不同的环境下可以产生不同的效果，具有不同的功能。例如，"lt's a lovely day, isn't it？"在一个晴天丽日，人们可以用这句话来描写天气，那么它发挥的是描写功能。如果两个陌生人在一起说话，其中一位说这句话，目的是与另外一位接触交谈，它发挥的是人际功能。如果一个人看到朋友整天关在屋里，想让他出去活动一下，就说了这句话，这时它发挥的是意动功能。从此例可以看到，话语发挥的功能离不开它使用的环境，而要正确理解话语的功能，必须结合语境进行分析。语言学中的功能学派、社会语言学家都十分强调语言环境的作用。海姆斯提出民族语言交际学，要理解话语就必须了解说话人在特定环境里使用话语进行的活动。心理语言学家和语用学家也认为，必须结合环境才能理解话语的意图，而语境的知识又是世界知识的一部分。因为译者处于与原语作者不同的语言环境，所以他必须凭借世界各民族共同的语境知识，分析原语使用的环境，从而正确地理解话语的功能。

语言功能分析的复杂性还在于一个话语可以同时发挥几种功能。例如，一位妇女对其丈夫说："Don't just stand there. You've got exactly ten minutes to shave and dress. I have got your clothes laid out on the bed." 这一话语同时发挥了三种功能：一是描写功能，即夫人向丈夫说明了有关的情况；二是表达功能，即她表达了一种焦急的情绪；三是意动功能，即她在催促丈夫赶快刮脸、着衣。这个例子说明语言功能有时不是单一地存在于话语之中，而是多种功能交叉存于话语之中。在几种功能并有的情况下，也可能某种功能显得更加重要、更加突出。这位妻子说这段话显然是催促丈夫赶快做好准备。因此，意动功能是这一话语的主要功能。在翻译过程中，我们要注意分析话语的全部功能及其中的主要功能，并在译语中尽量体现出来。根据这一原则，我们可以这样翻译上述的这段话："别光站在那里呀。你只有10分钟刮胡子、穿衣服了。我已经把你的衣服放到床上去了。"这种译法可以把话语的意动功能和描写功能都体现出来。

对原语功能的准确分析是翻译过程中的关键步骤之一，它为原语功能在译语中的重现提供了可靠的依据。然而，原语功能的体现也是一个复杂的问题，因为话语功能的发挥取决于三方面的因素：话语所包含的信息、话语传达信息的方式和话语传达信息的对象。原语通过传达一定的信息，对读者产生作用，以发挥它的功能。因此，译语只有准确地传递原语的信息，才能实现功能上的对等，这是不言而喻的。话语的信息是通过一定的语言形式来传递的。同一个信息可以用不同的语言形式来传递。例如，一位爷爷要其孙子到地里拾马铃薯，可以用直接命令的形式："Tom, go and pick potatoes in the fields." 也可以用委婉建议的形式："Tom, you can go and pick potatoes in the fields if you want to." 这两句话传达同一个信息，都发挥了意动功能，但由于它们传达信息的形式不同，产生的效果也不一样。若用第一种形式，给人们的印象是这位爷爷是个严厉的老人；若用第二种形式，人们则感到他是一位慈祥、和蔼的长者。由此看来，语言除了传达信息，其表现形式本身也含有一定的信息，具有自身的功能。为了重现原语的全部功能，译语不仅要传达原语的信息内容，还要重现原语传达信息的形式。

传达信息的形式不同会造成语言表现形式方面的差异。每一种语言都有自己表现形式的特点，而有些特点也许难以用另一种语言重现出来。当语言在表现形式方面具有突出的特点时，它往往给人一种深刻的印象和强烈的美感，具有某种审美的功能。而当一种语言的表现形式的特点无法用另一种语言重现出来时，其审美功能就难以在译语中得到完全的体现。例如，现代英语名剧 *Singing in the Rain* 中有这么一句 "Moses supposes his toes are roses"，这句话包含的信息十分简单，却使用了一系列的押韵和英诗中的扬抑格，读起来不仅韵味十足，而且节奏感强，这种审美效果是译语难以达到的。如果译成"摩西以为他的脚趾是玫瑰花"，那么译文只传达了原文的信息内容，却毫无审美效果；如果译成"摩西自以为，脚趾是玫瑰"，那么译文就有了一定的节奏和押韵，但离原文的音乐感尚有很大的差距。

翻译最难体现的也许就是原语中的审美功能。我们以《莎士比亚十四行诗》中著名的第 18 首中的最后两行为例：

So long as men can breathe, or eyes can see.

So long lives this, and this gives life to thee.

这两行诗的意思是只要人还能呼吸，眼睛还能看得见，我就能长久地活下去，并给予你生命。诗人在这里表达了对情人或密友的祝福和对艺术的理想。从信息的内容来看，这两行诗的功能在于表达，而在译文中重现这一功能并非难事；但从语言形式来看，它们不仅押韵，而且每行有十个音节、五个音步，每个音步均用抑扬格，读起来节奏分明、自然流畅，产生了很好的审美效果，而这种语言形式上的美很难用另一种语言完全体现出来。

已故的梁宗岱先生用直译法译成：只要一天有人类，或人有眼睛，这诗将长存，并且赐予你生命。

戴镏龄先生用意译法将其译成：天地间能有人鉴赏文采，这诗就流传就教你永在。

虽然这两种译文采用了不同译法，但都体现了原语的表达功能，而在体现原语的审美功能方面仍有一定的差距。梁宗岱先生的译文每行 12 个字；戴镏龄先生的译文每行 10 个字，与原文每行 10 个音节对等。虽然两种译文都有押韵，但原诗中的抑扬格没有了。应该说，这两种译文水平相当高，但尚未能完全体现原诗的形式美，而要在汉语中完全重现原诗的形式美，几乎是不可能的。

刘宓庆先生认为："就汉语翻译理论而言，翻译的功能表现可以分为三个等级，这三个等级体现不同的交际质量和效果，同时标志着三个不同的功能发挥程度：基础等级，功能表现为传达信息内涵；中间等级，功能表现为适应交际行为；最高等级，功能表现为取得审美传感效果"。[①]笔者认为，这三个等级的划分是合理的。译文首先应该传达原文的信息内涵，其次要适应原文的交际行为，而高水平的译文还要尽可能地取得与原文相同的审美传感效果。要产生这种效果，译文就要尽量体现原文的风格和形式美，这也许是翻译工作者应该追求的目标。

---

① 刘宓庆. 中国翻译理论的基本模式问题 [J]. 现代外语，1989（1）：5-9.

第二节　文本功能与翻译

一、文本功能概述

（一）纽马克的文本功能分类与翻译策略

1. 文本功能分类

纽马克作为英国著名的翻译家和理论家，把文体论、论语分析和跨文化交际等多种理论运用到翻译理论工作的研究中，并按语言功能的种类将文本分为三种：表达型文本、信息型文本和呼唤型文本。表达型文本通常包括文学作品和权威言论；信息型文本包括传递信息的过程和方法；呼唤型文本包括产品的说明书、通知书等。

纽马克进一步区分了不同类型文本的核心、作者地位，并将其与翻译方法联系起来。他指出，表达型文本的核心是作者，作者的个性成分（即个人习语或个人方言）构成了这类文本的表达要素，并且指出这类文本适合采用语义翻译的方法，即在目标语句法和语义结构许可的范围内，尽可能准确地再现原文的语境意义。信息型文本的核心是信息的真实性，作者通常处于一种匿名地位，对这类文本翻译注重的是信息传递的准确性、真实性和读者的理解与接受，即信息传递的效果。呼唤型文本的核心是读者，这类文本旨在呼吁读者去行动、去思考、去感受，即按文本预想的方式做出反应。在这类文本中，作者的身份通常并不重要，重要的是信息传递的效果和读者的反应。对于信息型和呼唤型文本，纽马克建议采用交际翻译的方法，即努力使译文对目标语读者产生的效果尽可能地接近原文读者从原文那里获得的效果。

为了对表达型文本、信息型文本和呼唤型文本各自的内容特点及其对应的翻译要点进行深一步的研究，纽马克又从文本着重点、语言类型、翻译单位和意义丢失多少等方面对这三种文本类型各自的特征进行了对比分析与归纳，如表 2-1 所示。

表 2-1　纽马克主要的文本类型及其对应的翻译特征

文本类型	表达型	信息型	呼唤型
文本着重点	原文作者	信息内容真实性、准确性	读者群、听众群
文本语言导向	原语言	目标语言	目标语言
主题风格	个人的	自然客观的	祈使说服性的
语言类型	修饰性的	描述事实的	祈使说服性的
作者地位	神圣的	匿名的	匿名的
翻译单位	小	中	大
意义丢失量	大	小	取决于文化差异
翻译方法	直译	等效翻译	等效创造
原语中不常用比喻	再现	翻译出意义	再创造

2. 翻译策略

针对不同的文本类型，纽马克共提到了八种翻译策略，分别是逐字翻译、直译、忠实翻译、语义翻译、改译、意译、习语型翻译和交际翻译。

逐字翻译：这常常表现为行间翻译，译文置于原文文字的正下方。在翻译过程中，保留原文的文字顺序，文字被逐个地翻译成其最常见的意思而不用考虑语境。逐字翻译的功能主要是使读者了解原语的语言机制或者作为翻译前的准备过程，对较难的文本进行分析。

直译：将原文的语法结构转换成其目的语中最接近的对等物，但仍逐个翻译词汇，不考虑语境。

忠实翻译：尝试在目标语语法结构的框架内精确再现原文的语境意义。

语义翻译：它与忠实翻译的不同点在于，它必须更多地考虑原文文本的美学价值。

改译：它是最为自由的翻译，主要用于戏剧（喜剧）及诗歌的翻译；保留主题、人物、情节，将原语文化转换为目的语文化，对文本进行改写。

交际翻译：它尝试以一种译文内容与语言易于被读者接受、理解的方式来准确地翻译原文的语境意义。

剩下的两种翻译方法（习语型翻译及意译）的界定过于宽泛、模糊，与其临近的翻译方法之间的区别不是很大。比如，习语型翻译与意译及交际翻译的区别不是非常大，可以说，从某种程度上来讲只是一个度的问题。

在这八种翻译策略中，逐字翻译、直译、忠实翻译、语义翻译都是关注、强调原语言的，改译、意译、习语翻译、交际翻译都是关注、强调目标语语言的。另外，虽然纽马克提出了八种翻译策略，但其认为实际上在翻译过程中，语义翻译策略和交际翻译策略是经常被使用的两种翻译策略。与其他翻译策略相比，语义翻译策略和交际翻译策略能更有效地达到翻译中追求准确和经济的两个目的。一般来说，语义翻译策略是以原文作者的语言规则文化为出发点，而交际翻译策略是站在目标语读者的语言规则文化立场做出的选择。因此，交际翻译相对来说更容易在译文中呈现出原文与原文读者相同的交际效果。

根据纽马克的观点，在语义翻译过程中，原文本的语言形式不管是否符合目标语文化，都应该在译文中加以保存，而在交际翻译过程中，如若原文本中出现一些不正确的语言形式或是不符合客观事实的内容，译者可以对其进行纠正后再翻译。语义翻译更偏向于个人，更注重原语作者的思维过程，其目的在于找出原文中任何细微的意义，旨在在译文中创造出同样的语境意义，更倾向于"超额翻译（over-translation）"。交际翻译是社会性的，其要点在于交际信息内容和原语的交际效果，更倾向于"欠额翻译（under-translation）"。语义翻译译出的文本因为在认知层次和语境层次的意义相对于原文本来说都有所丢失，因此其译文总是次于原文本。交际翻译译出的文本有时候可以比原文本更好。从理论上说，交际翻译比语义翻译给予译者的自由度高，因为交际翻译是为目标语读者服务的，而语义翻译需要屈服于原文作者的权威。

纽马克在《翻译问题探讨》一书中用了较大篇幅对语义翻译和交际翻译的内涵做了进一步的解释说明。语义翻译策略旨在"在翻译过程中，在目标语语言的语义、语法或句法结构允许的最大限度下，尽可能地翻译出原文的具体语境意义"；交际翻译策略旨在"在翻译过程中应该尽可能地让译文对译文读者产生的效果和原文对原文读者产生的效果相同"。[①]语义翻译和交际翻译两者之间有着一些本质的区别。纽马克认为，倘若翻译过程中有任何因素的冲突，交际翻译更多地注重交际效果，而不是交际信息本身，而语义翻译更注重原文信息。交际翻译必须为目标语读者考虑，但是这并不意味着译者可以不尊重原文内容；语义翻译要求译者尽量呈现出原文中的原语文化。一般来说，交际翻译策略指导下的译文更流畅、简洁、清楚（clearer）、直

① Newwork, P. Approaches to translation[M]. Shanghai：Shanghai Foreign Language Education Press，2001：39.

接和传统，也更遵守语言的特定语域，其译文更容易让目标语读者接受和理解，倾向于欠额翻译；语义翻译策略指导下的译文更复杂、僵硬，更集中、细致，其追求的是语言的思维过程，而不是翻译的目的，倾向于超额翻译。另外，在交际翻译中，译者有权利更改或修改原文中的错误逻辑，也有权利移除原文中的模糊信息，以及更改原文中对客观事实描述不符的信息，而语义翻译则不可以对原文做出任何变动。纽马克对语义翻译和交际翻译做出的区分如表 2-2 所示。

表 2-2　纽马克对语义翻译和交际翻译的比较

参数	语义翻译	交际翻译
传递信息和接受者的焦点	聚焦于传递者的思维过程，涉及关键信息部分，可以帮助目标语读者理解文本含义	主观性的，聚焦于目标语读者，以特定的语言和文化为中心
文化	保留原语文化	在目标语中传递异化成分
时间和来源	不固定于具体时空，每一代人都需要重译	译文生命力短，根植于当代语境
与原语关系	意义丢失，低于原语文本	较原文本优秀，丢失语义内容，比原文本有力量和明晰
原语形式的使用	如偏高原语文本规范，可以在目标语中复制，"忠实"于原文本作者	尊重原语文本的语言形式，把忠实于目标语规范作为主要任务
目标语形式	较为复杂难懂，注重细节，信息集中，倾向于超额翻译	流畅、简洁、清晰、直接，尊重目标语语言规则，倾向于欠额翻译

虽然语义翻译与交际翻译有较多区别，但是二者也有许多共同点。纽马克认为，在一个文本中，有的段落适宜采取交际翻译策略进行翻译，有的段落适宜采取语义翻译策略进行翻译，交际翻译和语义翻译是一个整体（as a whole），是不可分割的。另外，语义翻译和交际翻译都是从认知翻译演变而来的，二者在对原文本中语言的固定搭配、专有词汇、俚语、问候语、术语等处理方式上是一致的。最后需要注意的是，纽马克认为，如果直译能够让译文达到与原文对等的效果的话，那么不管是交际翻译还是语义翻译，译者在翻译过程中都应该采取直译手段。

（二）赖斯的文本功能翻译理论

赖斯是德国功能翻译学派的创始人。在《翻译批评——潜力与制约》一书中，她根据布赫勒的语言功能类型将文本分为四类：内容型文本；形式型文本；煽情型文本；听觉型文本。她试图建立以文本类型为依据的翻译评价模式，替代传统的以语言形式对应为基础的评价机制。布赫勒认为，语言同时具备再现（客观）功能、表达（主观）功能、煽情（劝导）功能。她认为这三种功能在某个文本中的分布是不均衡的，在某个文本或者文本的某个部分，描写成分占主导地位；在另一个文本或某个部分，以表达为主；在其他文本或某些部分，又在劝导听众或读者。虽然整个文本并不总是行使单一的功能，而是几种功能的混合或者相互重叠，但是当某种功能在文本中占主导地位时，这种功能区分就显得特别有意义。

在内容型文本中，"描述功能"得以凸显；在形式型文本中，"表达功能"得到了强调；在煽情型文本中，"劝导功能"非常明显。如果凸显内容的话，文本意在传递事实、数据、信息；如果强调形式的话，尽管有一定的内容在场，但用来表达这些内容的形式十分醒目；虽然煽情型文本也可以传递一定的内容，但其重点是用独特的语言形式追求言外之结果。在赖斯看来，内容型文本包括的种类有新闻报道、新闻评论、商业信函、商品目录、操作指南、使用说明、专利描述、条约、官方文件、教材、时文、日记、论文、报告、人文资料、科技资料。以形式为主的文本有文学散文（随笔、传记）、情感类散文（奇闻趣事、短篇故事、中篇小说、浪漫传奇）、诗歌（劝世、民歌、抒情）。赖斯认为，形式是有形的、可触摸的语言要素，就是某个声音也会构成重要的形式要素，句法特征也可以用作艺术形式，而风格、韵律、节奏、修辞方式、习语、隐喻都是形式文本的特征。以煽情为主的文本有广告、宣传、传道、煽动、辩论。

赖斯划分文本功能类型之目的在于以文本类型为导向来确定翻译原则和方法，建构翻译评价机制。文本类型主要关系到翻译方法，关系到目标语要优先保留的部分。某一文本一旦被确定属于内容型，就确定了重要的翻译方法。由于内容型文本需要转换内容，译者首先要确定内容和信息是否在目标文本中完全再现。在内容型文本中，形式要素居于次要地位，完全可以被忽略，但文学文本却不能，因为形式是文学的一个基本要素，翻译之根本是取得相似的美学效果。虽然内容型文本也具备形式（体裁），但是它是为内容服务的。因此在翻译中，如何精确、全面、有效地再现原文的内容成为译者优先考虑的问题，这就内在地设定了翻译语言和文体应遵守目标语规范。也就是说，翻译的语言形式和文体要倾向目标语的语言习惯和文体习惯，才能形成更加有效的交际，实现效果对等。在形式类文本中，作者有意无意地使用形式要素是用来取得某种美学效果的。这些形式要素不仅是为主题服务，而且构成一种具有文本特色的艺术表达，它们在目标语中只能用一种相仿的表达形式。因此，存在于形式类的表达功能必须在目标语中找到一种相仿的形式来产生对应的效果，翻译才能实现真正的对等。对于煽情类文本，目标文本必须取得和原文相同的效果，只要满足了这个条件，与其他类型的文本相比，译者处理原文就拥有更大的自由度，即只要取得与原文相同的煽情效果，无论对原作的形式做怎样的改变，都不能被认为违反了忠实原则。

二、文本功能与隐喻翻译

（一）文本的异功能与隐喻的处理

"异功能"是德国功能派提出的一个翻译主张，指目标文本意欲行使的功能与原语文本行使的功能不一致时，必须对文本的语言风格和内容加以处理。将语言、风格和形式调适成目标读者的口味，这就理所当然地涉及隐喻的处理问题。

在汉语文化中，某些内容型文本如新闻报道、旅游指南、宣传材料由于受传统文章观念的影响，十分讲究辞藻和文笔，极尽夸张形容之能事，试图营造某种氛围来感染读者，因此堆砌了大量的陈词性隐喻。如下面的文字就来自某旅游文本：

大自然的鬼斧神工，造就了长江三峡绝妙的奇景。气势雄伟的瞿塘峡，逶迤曲折的巫峡，礁石纵横的西陵峡，无不风姿绰约，光彩照人；深藏其间的小三峡，更是曲水通幽，楚楚动人，山翠，水清，峰奇，瀑飞，倾倒了天下多少游人。

按照纽马克的观点，这里的"鬼斧神工""风姿绰约""光彩照人""深藏其间""楚楚动人""倾倒"都属于陈词性隐喻，而按照赖斯的文本类型，该文本属于"煽情型"，它通过陈旧的、隐喻性的形容词对三峡景色大肆渲染，使读者情动于衷、心有所向。但是，如果我们紧贴这些隐喻性形容词来翻译，译语文本的功能就会大打折扣，因为英语旅游者需要的是实体信息，而不是大段的煽情文字。据此，我们要把这种煽情型文本转换为内容型文本。根据赖斯的内容型文本的翻译原则，首先要确定内容和信息是否在目标文本中得以再现；纽马克也认为，在信息类文本中，译者有权利避开这些陈词滥调，因为在这类文本中事实排在第一位。这些为隐喻的处理指明了方向，上述中文旅游文本试译如下：

The Changjiang River in the upper reaches boasts the Three Gorges, which, with the imposing Qutang Gorge, meandering Wu Gorge and reef-crisscrossing Xiling Gorge, sprawls along for approximately 200 kilometers, and tucked away between them is Three Small Georges which are more fascinating. This gallery of nature attracts millions of tourists for its magic watercourses, rugged mountains, fantastic peaks, plunging waterfalls.

为了凸显实体信息，上面的陈词性隐喻基本删除不译，不把"鬼斧神工"译作"chiseled and chopped by the magic nature"，也不把"风姿绰约，光彩照人"译作"attracts visitors with its charming appearance"之类，相反，译文增加了实体信息"sprawls along for approximately 200 kilometers"，以便形成更为客观的印象。当然，即使是英语的内容型文本，对景物描述也不可能完全消除表达性形容词，因此译文出现了"imposing""fascinating""magic"等词，出现了一个隐喻性表达"This gallery of nature"，但与原文相比，煽情功能大大降低了，倾向于内容型文本。

将煽情型文本转换成内容型文本，删除或者抑制原文的隐喻性表达，属于较为极端的例子。一般来说，如果宣传材料不需要转换整个文本功能，陈词性隐喻并不是删除不译，而是要脱离原文的喻体，翻译意义、再现信息，或者用目标语的喻体替代。因为陈词性隐喻已经失去了隐喻性，只剩下意义，所以能更有效地再现文本信息。

（二）文本的等功能与隐喻的翻译

文本的等功能指译文不需要转换文本功能，内容型文本仍然保持内容，形式型文本仍旧回归形式。这时用"翻译"一词更为贴切，不能漏掉任何一个隐喻。要想用心"翻译"好每一个隐喻，就要灵活运用纽马克总结的翻译方法。这些隐喻一般出现在较高层次的内容型、形式型和煽情型文本之中，如新闻评论、时文、小说、诗歌、广告等。

赖斯认为，时评、时文、日记、人文文献属于内容型文本的延伸部分，因为它们主要关注某一场景和事件，是对客观事物的描写和评述。由于很多时候它们出自具有文学禀赋和写作功力的评论家、撰稿人、作家，这些人的思想敏锐、观点犀利、风格独特，因此会存在大量陈词性隐喻和创新隐喻。译者在翻译这类文本时，对于陈词性隐喻，如果不能再现原文形象，只能转化成意义，或者用目标语中的隐喻替代，以确保通俗易懂，如：

To be sure, Bush isn't quite a lame duck.

译文：当然，布什并非完全乏善可陈。

此例中的"a lame duck"在英语中属于陈词性隐喻，因而译文用成语"乏善可陈"替代，而非"坡脚鸭"。

赖斯的形式类文本涉及的范围较广，如文学散文（随笔、传记）、情感类散文（奇闻趣事、短篇故事、中篇小说、浪漫传奇）、诗歌（劝世、民歌、抒情）。尽管这些文类以"纯形式"（如韵律节奏）见长的情形相当有限，但是可以肯定的是，它们充满着创新隐喻。文学家的丰富想象力和浪漫情怀推动其思维超时空投射，形成一个个连续的、流动的隐喻场。这些隐喻非常重要，作品的文学性就寄寓在这一个个具体的隐喻体系之中。可以说，取消了隐喻，就抹掉了文学的原创性，就消除了作品的独创性，抹杀了人物的个性，最终消除了文学的愉悦、怡情、审美、启智的功能。

根据赖斯的分类，广告属于典型的煽情类文本。煽情类文本翻译之忠实意味着取得原文本意欲达到的效果，即保留语言的煽情功能。因此，无论是创新隐喻还是陈词性隐喻，只要能取得与原文相同的煽情效果，译者可以移植、可以替代、可以创造。总之，译者有很大的自由度，而不顾效果、一味地再现原文隐喻是不可取的。

第三节　基于功能翻译理论的翻译策略

很长时间以来，国内和国际上关于翻译的讨论都以意译和直译作为中心的话题。关于这个话题的争论从有翻译时就已经开始了。到了 19 世纪，有较多的译者愿意使用意译，就是翻译的重点不再是对字母的翻译，而是转到翻译文本的神韵上来，对文本意义的翻译重于对文本词汇的翻译；对文本信息的翻译重于对文本形式的翻译；更注重文本的事实而不是方式。但这些只是从理论的角度出发进行的争论，参与争论的人们对翻译的目的性、文本的类型及读者的具体情况考虑得还不周全。

在传统的对翻译的讨论中，关于意译和直译的讨论是最多的。20世纪60年代之后，西方的研究者又提出了一些新的理论。比如，奈达提出了"形式对等"和"动态对等"的理论，这其实还是对直译和意译的讨论。还有学者提出了二分法，例如，豪斯（House，1977）的"显性翻译"（overt translation）与"隐性翻译"（covert translation）；顾特（Gutt，1991）的"直接翻译"（direct translation）与"间接翻译"（indirect translation）；图瑞（Toury，1980，1995）的"适当性"（adequacy）与"可接受性"（acceptability）；纽马克（Newmark，1988）提出的"语义翻译"（semantic translation）与"交际翻译"（communicative translation）；韦努蒂（Venuti，1995）的"异化翻译"（foreignizing translation）与"归化翻译"（domesticating translation）。

关于翻译的二分法，两者既有相通，又有所不同。本节探讨三组翻译策略，即意译和直译，交际翻译和语义翻译，归化翻译和异化翻译。通过追溯这些翻译法的源头，厘清它们的概念，并对其内容加以举例说明。

一、直译与意译

几个世纪以来，关于意译和直译的争论一直没有停止过，秉持不同意见的学者互不相让、争论不休。实际上，在中文和英文中都没有对"直译"做出过非常明确的定义，逐句译和逐词译都可以被包括在内。最常使用直译法的翻译领域有三类：一是用于翻译文学作品，就如文学翻译高手纳波可夫认为的，真正的翻译就是直译；二是在外语教学中使用，旨在将两种不同的语言结构介绍给学生；三是在翻译科学技术类资料时使用。

但是在翻译现代文学作品时，大部分译者不会使用直译法。因为世界上没有两种完全相同的语言，所有语言即便是最简单的符号及语言的排列方法都不会相同，也就是说，不同的语言不会有绝对的相同性，所以翻译就不会有绝对的准确性可言。

张培基于20世纪80年代初期在《英汉翻译教程》中将直译定义为：当条件允许时，既将原有文章的内容保留在译文当中，又将原有文章的形式保留在译文当中，尤其是一些关于民族性的、地方性的内容，还有一些形象的比喻等。但是，直译不能变成死板和生硬的翻译。如果能令原文的思想和内容得以保持，而且符合语言的使用规范，那么直译的方法还是有其优点的。这种方法能够使原作的风格得以保留，保持译文的"洋气"，而且能从国外引进一些比较生动、活泼、新鲜的词语，借鉴一些新的表达方式和语法结构，来丰富和完善本国的语言和文字。

随后又有一些新的翻译教程不断出版，这些教程对直译进行了重新定义。比如说，直译就是指在翻译的过程中，将原文的一些句子的结构形式、比喻的一些手段、使用的词语、语言的表现形式等都尽可能保留下来，而且使语言尽可能地易于被读者理解，行文较为流畅。通常翻译痕迹比较明显的译文大多是用了直译的手法，通篇不会显得非常流畅而通顺。当直译做到了语言上的流畅和易于理解，那么译者必定是将意译与直译的区别模糊化处理了，使得两者并不完全对立。

意译法有着它自己独有的特点：其一，它的导向就是目标语；其二，译文通常比较自然、流畅，原文的结构以及使用的一些修辞手法可能不会再被保留；其三，原文的一些意思会被用比较规范的目标语表达出来。现阶段，大多的业内人士认为，意译和直译的方法都有着它们各自的优点和缺点，两者并不是完全对立的，这是因为翻译的策略是会随时发生变化的，所以应当针对不同读者的不同特点、每一种文本所属的类型、翻译的最终目的来确定翻译的具体策略。意译和直译是两种基本的翻译方法，出现于译文的表达性阶段。有翻译学家就指出过，世界上所有的语言都有着自己的特点，表现为自己独有的形式，不论是在词汇的使用、语法的使用，还是在表达方式上，都有着相似的地方，也有着不同的地方。因此，译者在翻译时就要根据具体的情况选择不同的方法。当两种不同语言的表达方式恰巧相同时，直译就是最佳的选择。

二、语义翻译与交际翻译

纽马克将翻译模式分为两种，即语义翻译及交际翻译。语义翻译的目的应当是准确还原作者原文中的意思，前提是译文要符合目标语的语义要求，并且符合其语言结构。语义翻译对目标语的相关语境及表达方式常常忽视，而对原作所呈现出来的形式及原文作者所要表达的意思十分重视。语义翻译法认为，原文中的每一个词语、每一个句子都是神圣而不可更改的，所以这种译法译出的文稿有时候会前后不一，有时会模棱两可，更有可能出现误译。一些文学类的作品、科技类的文献等都比较适合于使用语义翻译法。但是，语义翻译法并不是无懈可击的翻译法，因为它也是一种折中的翻译法，是处于编译和逐字译之间的一种翻译法。

交际翻译会涉及两个需要注意的概念：一是交际翻译把翻译看作是翻译的途径或是方法，这个交际的过程发生在社会的某种特定的交际情景之中。尽管过去的翻译途径通常都会认为翻译是一种交际的过程，但本节所指的交际翻译是以译文的读者为中心目标的。当译者把译文的读者作为中心时，他进行翻译时就会希望将原文真正的信息传递给译文的读者，而不仅仅满足于将一些简单的语言符号进行机械的转述，他会努力将原文中一些有用的功能保留下来，让这些功能对译文的读者产生应有的作用。交际翻译法与直译法有所不同，直译法会对原文的每一个字进行逐一的翻译，而交际翻译法则认为译者并不应该将关注的重点全部放在原文选词、组句的方式上。二是让译文所达到的效果同原文在原语言读者中达到的效果尽可能相同，这是交际翻译的目的所在。所以说交际翻译不是简单地将原文的内容及文字进行转述，而应当尽量按照目标语的文化特色、用语习惯来将相关的信息传递出来。

在交际翻译中，译者具有比较大的自由度去对文体做出调整，对歧义加以排除，对原文进行解释，还可以纠正原文中的一些明显的错误。因为交际翻译的目的非常明确，这种翻译有着自己特殊的服务对象，故而可以挣脱原文的束缚，采用一些特殊的文体，如公告、新闻、教科书等。

交际翻译法译出的文稿一般都具有清晰明了、通顺流畅、通俗规范，适合在特定的范围内使用的特点。即便遇到一些比较困难的译文，使用交际翻译法的译者也会想方设法使用一些通俗的词汇。这与使用语义翻译法的译者不同，使用语义翻译法的译者译出的文本通常都比较烦琐和复杂。

三、异化翻译与归化翻译

韦努蒂是美国翻译界的一名理论学家，他创造了异化翻译法和归化翻译法，而这两个概念本来是用于描述翻译的相关策略的。异化翻译法为了将原文所具有的异国的风格和情调保留下来，会刻意突破目标语言中的一些常规。韦努蒂指出，之所以会创造出异化翻译法，主要是因为借鉴了施莱尔马赫所提出的一些相关的翻译理论，因为施莱尔马赫对异化翻译法是持肯定态度的。韦努蒂认为，英、美等国家总是自大地将归化翻译法作为主流的文化，在这种国家就应该使用异化翻译法，用文化的手段来对社会进行干预，以示对主流文化的挑战，因为这些主流的文化及其心理会对译文中的异国风格和情调进行打压。他认为异化翻译就是要引进一些外国文本中的语言方面的差异，令读者融入国外的氛围中。

异化翻译法的特点主要有：一是异化翻译法会吸收和使用一些目标语所特有的古词语，会刻意地保留原文中的一些客观的固有的材料；二是异化翻译是以帮助读者进行一次从未有过的阅读方面的体验为目标；三是异化翻译法有时会出现一些晦涩的、不通顺的文体；四是异化翻译法有时会与目标语的语篇及语言规范相违背。韦努蒂自己也清楚，译文中的一些材料其实都是本国的文化内容，异化翻译也只是一种翻译的策略。一般采取异化翻译法的译者的态度都十分明朗，从不遮遮掩掩。

归化翻译法的目标就是使译出的文稿自然而且流畅，所以这种翻译法会尽量排除掉文中异国的格调和情形。韦努蒂认为，归化翻译法并不是一个褒义词，归化翻译法其实是与主流文化的政策相一致的，这种文化对外国的文化往往会采取一种封闭、拒绝的态度。他觉得主流文化只会习惯阅读一些简单、通顺的文本，把外国文稿中的一些文化隐藏在本国文化的表象之下，因为是处于"隐藏"的状态，所以不容易被译文的读者发觉。

归化翻译可以分为几个步骤：一是将一些比较适宜于归化翻译的文本挑选出来；二是刻意地选取、使用一些比较自然而且流畅的文体；三是将目标语的语篇作为标准来对译文做出调整；四是将一些有解释作用的资料插入译文中去；五是将一些原文中的客观性的资料进行删减；六是对一些涉及的特征及观念做出调整。在英国和美国的主流文化中，归化翻译法是一种主导性的翻译策略。在英国和美国社会的很多领域都盛行归化翻译法，所以应当有一股力量对这种状态提出挑战，而采用一些其他方式的翻译策略。

本节概述了翻译的三组策略。语义翻译、直译和异化翻译相同，它们都与原文靠得非常近；交际翻译、意译和归化翻译相同，它们都与目标语及目标语的读者靠得非常近。它们之间的区别在于：当我们对交际翻译和语义翻译展开讨论时，想到的首先是语言在交际方面的功能以及语言真正的意义；当我们对归化翻译和异化翻译展开讨论时，关注的重点就变成了对外来文化是采取抵制的态度还是采取吸纳的态度；当我们对意译和直译展开讨论时，我们所关心的只是操作的方法。

第三章　基于功能翻译理论的文学翻译应用

第一节　文学翻译与非文学翻译

一、文学翻译与非文学翻译的概念界定

（一）文学翻译

所谓文学，就是一种运用语言媒介创造艺术形象、表达思想感情的审美类的社会意识形态。文学有三个基本要素，即真实、想象和美。只有具备了这三个要素，文学的价值才得以体现。

文学翻译可以从以下角度进行理解：一是不同语言的文学文本之间的转换可以简单地理解为文学翻译；二是文学翻译包括整个接收过程的文学文本的翻译实践，例如，原语的文本形式，该文本的选择、流入、被认同的价值，译者的学习和外语水平，译者对流入文本的发现、翻译思想、语际转换，翻译文本的出版、发行、阅读、批评，等等；三是跨文化的翻译活动，包括古典文献的翻译、宗教文本的翻译等，在这一层面上，译者与作者多多少少会存在时空上的差异，即使译者对原作有着相当程度的理解，甚至对作者的生活状况、写作情境、写作意图等有深刻的体会，在进行跨文化的翻译活动时，还是要保持一种正确的阅读姿态，也许是居高临下的批评，也许是虔诚的欣赏，不仅是对作品，还包括对作者。

文学翻译有以下性质：一是相对忠实性。文学翻译是一种艺术形式，其与非文学翻译的要求忠实于原文，达到等值或等效是不同的。文学翻译绝不可能绝对忠实于原作，这是由读者之间的差异、不同译者对文学原作的理解不同、不同语言之间的差异等造成的。另外，文学翻译是以原作为基础进行的二度创造，因此不可能完全忠实于原作。二是模仿性。人们在长期的文学创作中都注意到了创作与自然以及艺术与客观世界之间的紧密联系。而文学翻译本身就是一种艺术的表现形式，准确地说，是对原作进行模仿的艺术。

文学翻译的模仿性要求译者在尽力传递作品信息的同时，要兼顾语言的表现形式、作品文旨、风格特征、时代氛围及作者的审美情趣等。三是创造性。文学翻译的审美价值充分体现了其创造性，其涉及多方面的因素，包括译者的想象、情感因素和认知因素等。译者在与原作双向互动的基础上，领略原作的文学意境并根据自己的理解创作原文，准确传达原文的艺术意境，力求译作的"美"与原作等值。这个互动的过程就体现了译者对原作的审美创造。

（二）非文学翻译

非文学翻译涉及政治、经济、法律、科技、文化等社会生活的各个领域。广义的非文学翻译是指文学翻译之外的所有翻译。具体来说，非文学翻译有三大特点：一是根据委托人提供的信息或特定情景下的翻译习惯，确定翻译种类或策略，提供符合客户需要的翻译产品；二是准确无误地再现原文所反映或意欲反映的客观现实；三是语言朴实。按照文章的功能划分，非文学翻译包括议论文体、说明文体、应用文体和记叙文体；若按专业领域划分，非文学翻译包括行政翻译、商业翻译、经济翻译、法律翻译、医学翻译、科学翻译、学术翻译和技术翻译等。

文学翻译与非文学翻译有许多不同之处。李长栓教授认为，非文学翻译涉及知识、事实、思想、信息、现实，而文学翻译涉及想象中的个人、自然、人类居住的星球；非文学翻译强调的是事实，而文学翻译强调的是价值；非文学翻译强调信息的清晰性，而文学翻译强调风格。

二、文学翻译与非文学翻译本质层面的区别

（一）功能不同

由于文学翻译与非文学翻译的文本类型不同，它们的功能也不同。

文学翻译强调美学和艺术价值，属于表达型文本，其翻译对象是文学作品。文学是一种语言的艺术，它给予人的不是什么信息或事实材料，而是借助具有美学功能的语言对生活进行艺术加工，再现活生生的社会画面，表达对人生、社会的认识和情感，给人以思想、心灵上的熏陶、感染，以及美的享受。茅盾曾说："对于一般翻译的最低限度的要求，至少应该是用明白畅达的译文，忠实地传达原作的内容。但对文学翻译，仅仅这样要求还是很不够的。文学作品是用语言创造的艺术，我们要求于文学作品的，不单单是事物的概念和情节

的记叙，而是在这些以外，更能够吸引读者对书中人物的思想和行为发生强烈的感情。文学的翻译是用另一种语言，把原作的艺术意境传达出来，使读者在读译文的时候能够像读原作时一样得到启发、感动和美的感受。"（茅盾，1984）这也是文学翻译与非文学翻译最大的不同——文学译作要具有与原作同样的审美性和艺术性。因此，文学翻译的功能就是将原作的思想、感情以及形象的艺术整体传递给读者，达到与原著近似的艺术效果。

非文学翻译的翻译对象是以传递信息为主且注重信息传递效果的实用型文本。这类文本具有信息性、实效性、准确性、专业性和功能性等特点，其中，最为突出的特点就是信息性，而这信息性的背后往往隐藏着预期功能。因此，非文学翻译的功能就是信息交流，实现预期功能。

一言以蔽之，非文学翻译要着眼于语言的交际和信息的沟通功能，而文学翻译却不限于传达原作的事实和信息，而是要更多地着眼于再现原作的思想、感情、形象、意境，以及其艺术形式和语言风格的统一体，并要争取达到类似于原作的艺术效果。

非文学翻译与文学翻译文本类型的不同，决定了二者的功能不同，因而它们在翻译标准、思维、操作模式、策略和步骤等方面都有所不同。当然，非文学翻译与文学翻译的划分是相对的，一些非文学文本也承载了一些文学性的内容。然而，非文学翻译的研究毕竟需要挖掘自身的特点和所遵循的规律，首先应解决基本认识问题。

（二）思维不同

文学作品的基本特点是用形象反映社会生活。作家的形象思维活动贯穿文学作品创作过程的始终。所谓形象思维，就是形象与思维的交流，思维融入形象里，形象体现着思维，也即思维的形象化、形象的思维化。作家运用形象思维对客观事物的表象进行有目的、有意识的想象，塑造所需的形象，并给形象注入一定的情感，用以揭示生动现象中最本质的特质，认识和理解生活中的典型事物。

文学翻译同样需要形象思维，这关系着文学作品的艺术再现。译者要用译文语言对原作进行再创造，要用形象译形象，用形象说话，而不是单纯地临摹或复述原作的情节，这样才能做到"移情"。文学翻译中运用形象思维的过程就是译者在正确理解原文的基础上，凭借已掌握的相关信息以及个人丰富的人生阅历，把原作者提供的语言符号体系在自己的大脑中重新转化为同作者脑海中的审美形象基本一致的审美形象——实现译者的审美经验与作者的审美经验的最大限度的统一，深入原作艺术意境中去，再用译文的语言表现出来。这时，译者和作者心神交融、合为一体，达到心灵上的契合。

非文学翻译的对象通常是实用性文体，如使用手册、合同、宣传文本等。这类文体有三个特点：一是内容真实，必须是客观存在的正确反映；二是直接服务于社会，是实践工具；三是语言规范，具有单义性，比较严格地按照语法进行。因此，非文学翻译强调客观真实性，不能有任何虚构和想象成分，一定要保证原文信息传递的准确性；译文要实现原文服务社会的功能；语言要规范，不用新奇的表达方法；此外，因为原文具有单义性，所以译文也应意思明确，不让人产生歧义。即使原文看似有歧义，那可能是因为译者缺乏对背景情况的了解，或者原文作者缺乏背景知识或是写作水平欠佳等。总之，原文中的歧义不是作者故意设计的，但不排除存在故意含糊的情况，如法律规定、政治决议等本来要求明白无误，但有时为了照顾不同方的利益，不得不含糊其词，使各方均能按照自己的意思解释，以达成一致见解。因此，译者要通过语篇内外的知识，梳理清楚原文要表达的正确意思，避免译文中可能产生的歧义。在非文学翻译的过程中，译者主要运用的是逻辑思维。

英语讲究结构严谨和逻辑清楚，英译中时需要运用逻辑思维，这自不待言；中译英时，更要运用逻辑思维，中文措辞可以"朦胧"，而且这种"朦胧"在中国人看来是一种美，但英文要求"一目了然"。

（三）原作者地位不同

一些学者强调原文的权威性，认为译者应尊重原文作者，不得擅自修改或增删，这是无可厚非的。但问题是原文的权威性不是绝对的、无条件的、静态的，而是相对的、有条件的、动态的。原因在于，并非所有的原文都是权威的、不可侵犯的。有学者就曾指出，纽马克把文本分为两类：有效的文本和有缺陷的文本。有效的文本应该逻辑明显、事实准确、伦理正确、文笔优雅，因而原则上应该受到尊重。有缺陷的文本往往在其中一点或几点上存在缺陷，因而容易误导读者，因此，译者在翻译过程中应该根据不同的情况对此加以修改或者增加注释。

"信、达、雅""神似""化境"等翻译标准实际上是以"原文至上"为前提的。对于文学翻译而言，奉行"原文至上"不会错到哪里去，因为文学翻译的对象通常是经典文学作品，就算不是经典的文学作品，其原作者的写作水平也不会差到哪里去。也就是说，文学翻译的对象是有效的文本，而非文学翻译的对象有些（甚至大部分）就是有缺陷的文本。这是因为非文学翻译中有些原文本身的写作质量不尽人意，其中的原因有很多，比如，作者的母语水平一般、英语水平不高、写作能力低、知识欠缺、集体起草等。因此，在非文学翻译中，"原文至上"行不通，不但行不通，还会闹笑话、出纰漏。在非文学翻译中，一味跟着原文走，一味强调"忠实"原文，就是"愚忠"，而"愚忠"要不得。

原文写作质量差也是非文学翻译的一个特殊困难。面对这种文本，译者要努力琢磨原文意思，准确传达作者希望传达的信息绝非易事，其困难程度不亚于文学翻译的"益智""移情"。

（四）译者地位不同

文学翻译的关系网络比较简单，主要涉及原文作者、译者和译文读者三位参与者。其中，原作者处于中心位置，是权威；译者要忠实于原作者，传达原文的精神风格，还要使译文读者产生共鸣。

为了把原作转换为地道的译文，乃至达到"化"的境界，译者要通过原作的语言外形，凭借自己对原作者及其相关背景的了解，深刻体会原作者的艺术创造过程，把握原作精神，结合自己的人生体验，把握译文读者的审美期待和接受取向，用适合原作的文学语言把原作的内容与形式传神地再现出来。这既需要译者发挥创造性，又需要译者忠实于原作的意图。当然，文学翻译涉及对作者、作品、背景等不同的理解，见仁见智，应该允许有不同的诠释和不同的表述，但这也是建立在研究的基础之上，并不代表译者可以随心所欲。这也是一部原作会有几部译作的原因，一方面是因为不同译者对原作有不同的理解，另一方面是因为不同译者对原作的研究结论不同。

非文学翻译涉及一系列的角色和参与者，主要包括发起人／客户、委托人、译者、原作者、译本使用者和译本接受者。发起人／客户出于某种特定目的发起一个翻译项目；委托人据此寻求适当的译者执行翻译任务。原作者是发起人／客户或委托人指定的文本写作人，文本不代表原作者的意志，而是传达发起人的意愿。一般来说，译者与原作者没有直接联系。译者获得原文并与委托人充分沟通、达成共识后，就开始翻译文本了。译本接受者是指真正阅读、聆听文本的个人、团体或组织，他们与译文的关系最为密切。译本使用者是译文的最终用户，有时候其与发起人/客户是同一个人、团体或组织，有时与译文接受者相同。

非文学翻译中的原作者是服从于发起人/客户的，因此译者不必像文学翻译那样在研究作者上下功夫，而应着眼于文本功能、发起人/客户想通过文本达到什么目的、发起人/客户和委托人对翻译/译者的要求、译本使用者是谁，以及如何让译本在这些使用者身上产生功效，等等。

在整个关系网中，处于中心地位的人是译者，其行为受到各参与者的牵扯与影响。但这并不意味着译者是被动的，反而更加要求译者发挥主观能动性，对各方的要求和利益进行综合权衡、周全照顾，选择最佳的翻译策略和方法，化解各方矛盾，解决彼此之间的冲突，实现译本的预期功能。这里需要注意的是，由于译本的预期功能是确定的，译文可以有不同的表述，但译者对原文的理解应该是一样的，也就是说，原文的语句意思应该是确定的、唯一的。

在这里，有一点值得一提，那就是文学翻译与非文学翻译对译者的要求不同。翻译是一种写作，但比写作本身更复杂，因为它涉及转换。由于语言、文化和思维方式的差异，译者稍不留神，在这个转换过程中就会出现"思维短路"。

文学作品是艺术品，其译作也必须是艺术品，所以文学翻译对译者的文学素养和文字驾驭能力要求很高。在非文学翻译中，由于非文学翻译自身的特点，它对译者的文学素养和文字驾驭能力的要求相对较低，反而强调译者的翻译思路以及对语言的处理和转换能力，因为语言与思维是交错在一起的，好的思维的表现效果就是好的语言。在非文学翻译中，好的思路能激发语言的活力。

第二节 功能翻译理论在文学名著翻译中的运用

一、功能翻译理论在文学翻译中的适用性

有批评者认为，基于功能翻译理论的翻译"废黜"原文，是对原文的不尊重，而文学文本不同于实用性文本，不应轻易被废黜。

这种批评主要可以从以下两个方面进行解释。

一是功能翻译理论常被批评为过于灵活，因此不忠实于原作，不适用于文学翻译。比如，纽马克曾指责功能翻译理论重视信息却失去了丰富多彩的意义，损害了原文的权威性。诺德指出，这种批评很可能源自对于目的论所主张的"废黜"的错误解读。功能翻译理论强调废黜原文，但此处的"废黜"并非意味着"扼杀"或者"颠覆"，它实际上指的是原文的语言和文体特点不再被视为唯一的标准。大量的翻译理论及实践也表明，翻译不是对原文的概念、意思等进行简单的、不加批判的复制。

二是有些批评者认为，功能翻译理论根据某种特定的目的来翻译作品，这就有可能限制读者对于原文丰富意义的不同解读，因此不尊重原文。文学具有开放性的特点，而读者在观念、信仰、知识构成、经历等方面存在差异，因此必然会导致不同读者对作品有着不同的解读，也就意味着文学作品向着一切的可能开放。既然读者有权对译文进行个性解读，那么译者（作为原文的读者）对于原文的不同解读也是合情合理的。而且我们发现，历史上那些最著名的翻译作品通常是最有个人特点的释疑作品。

弗米尔指出，某种特定的翻译目的肯定会排除对作品的某种阐释，因为这些阐释并不是翻译目标的一部分，但某个特定的翻译目标（目的）绝对有可能是要译者精确地再现原文的不同阐释的。如果翻译的目的是表现原文丰富的意义的话，那么译者就会充分发挥自己的能动性，尽其所能地运用合适的策略来达到这种目的，从而尽可能地保留对原文的不同解读。诺德提出的"功能＋忠诚"的翻译模式，也是对此批评的回击。她认为，忠诚原则限制了某一原文的译文功能范围，它意味着译文的功能要符合原作者的意图，即译文尊重原文。

另外，还有一些批评者认为，功能翻译理论注重"目的原则"，但并非一切文学作品的创作或者文学翻译都有特定的目的，因此，功能翻译理论不适用于文学翻译。

首先，必须承认有许多学者认为文学作品或者翻译都有着明显的意图性。吕俊指出，文学文本肯定有作者意欲表达的内容。赖斯也指出，在文学文本中，作者有意识或无意识地使用一些形式因素，以达到特定的美学效果。可见，作者写作时总是带着一定的目的的。比如，新文化运动时期，鲁迅创作了《狂人日记》《阿Q正传》等作品，旨在号召国民的觉醒，希望从思想上来救国。中华人民共和国成立后的某些创作也具有明显的宣扬、教化的政治目的。

就文学翻译而言，图里认为，翻译从本质上讲是一种具有目的性的活动。许钧指出，翻译作为一种跨文化的交流活动，具有很强的目的性。在实践中，如林纾的翻译，许多翻译作品序跋中都流露出他渴望救国救民的目的。再如，张南峰直接指明他翻译《好的，首相》的目的有四：一是看重艺术等值，使译文在目标系统中有可能被接受为有价值的文学作品；二是挑战主流翻译诗学；三是以外喻中；四是制作一个至少能让主流意识形态和诗学容忍的翻译。

其次，列维等人认为，翻译是一个决策的过程。维内和达贝尔内也强调，译者的任务就是在众多可行的选项中做出选择，以表达信息的细微差别。彼得·布什等文学翻译家也认为，翻译是一种直觉与有意识的选择的复杂结合，它涉及成千上万个决策，而译者通过这些决策塑造并且维持某种阐释。既然翻译是一个不断选择的过程，为什么做这个选择而不是那个选择，其中必定也包含一定的目的。

最后，即便某些作品没有表现出明显的意图，如为艺术而艺术的创作，作者的某些作品只是为了自娱自乐，但自娱自乐本身也是一种目的。而且，即便作品本身没有任何特定的目的，其译文也是针对特定的受众的。对于译文的读者而言，原作及译文肯定想传达某种信息，有着特定的目的。弗米尔一再强调，意图性并非指某一行为真正的具有某种意图，而是参与者或者观察者将这种行为看作或者阐释为具有某种意图。换句话说，虽然作者或译者在创作或翻译的时候没有很明显的意图，但是读者却会以为作者或译文在向他们传达某种信息，有着特定的目的。对于这一点，如果我们联系文学批评就很容易理解。对同一部文学作品，不同的批评理论可以得到不同的诠释，但这并不意味着（也不太可能）作者自己在创作这部小说时赋予作品如此多的意义。

二、案例分析：功能翻译理论指导下《他乡暖阳》的翻译

（一）词汇的翻译

1. 根据语境确定词义

不同读者对原文会有不同的理解，所以在经过全面研究后，译者有权按照自己的理解来翻译。在翻译时，为了更准确地向读者传递信息，译者应该遵循目的原则、连贯原则和忠实原则，根据具体情境确定词义。图 3-1 是根据具体情境确定词义的实例。

> "They left an though they were fleeing some curse", wrote the scholar Emmett J. Scott. "They were willing to make almost any sacrifice to obtain a railroad ticket, and they left with the intention of staying."

> "他们逃走了，仿佛在躲避灾祸"，埃美特·丁·斯科特写道，"为了拿到一张火车票，他们不惜一切代价，走只是为了活下来。"

图 3-1　根据语境确定词义

分析："staying"与"left"是一对反义词，原文中说人们"left"的目的是"staying"，这两个相互矛盾的词在句中起到对比强调的作用。虽然原文中这两个词用得巧妙，但是如果在译文中将"staying"直接翻译为"留下来"，即将这句翻译为"走是为了留下来"，译文的意思就不太明确。实际上，可以将原文理解为"they left（the land of their forefathers）with the intention of staying（in the world）"。由此可知，在这个句子中，"staying"的具体意思应该为"留在这个世上""活下来"。

2. 语义明示

为了避免重复，提到与前文相同的内容时，作者一般采用指代的方式。如果译文也采用指代的方式，就会造成语义表达不明确，影响译文的准确性以及读者的阅读体验。功能翻译理论的代表人物曼特瑞认为，译文读者的需求是翻译策略的决定因素。所以在这样的情况下，为了避免误解，方便读者阅读，译者在翻译时应该具体写明指代的内容，明示语义。

3. 词汇解释

由于人们的文化背景存在差异，译文读者可能对原文提到的一些内容很陌生，难以理解文章内容，从而影响翻译目的的实现。如何处理这些由于文化差异给译文读者带来的阅读障碍？是保留这些陌生内容，还是采用归化的方式处理？诺德曾在《目的性行为——析功能翻译理论》一书中指出，功能翻译理论建议对译文文本世界的选择应该取决于译文的预定功能。在《他乡暖阳》这个翻译案例中，译文的预定功能和预期目的是全面地向译文读者传递原文信息。因此，为了让读者更多地了解原语文化，更好地理解书中内容并减少文化差异带来的阅读障碍，译者在翻译时可通过添加脚注和在文内添加解释性词语等方法对一些词汇进行解释，补充相关的背景知识。

4. 词汇添加

词汇添加是指出于语法、语义、修辞、逻辑和文化等方面的需要，在译文中加词。由于英汉两种语言存在结构和语法方面的差异，译者在翻译《他乡暖阳》的过程中，有时为了调整语言结构就会采用加词的方法，使原文中隐性的结构关系显现出来，从而条理清晰地表达原文信息，方便读者阅读。不过应该注意的是，虽然为了实现翻译目的而在译文中添加了一些词汇，但是仍要确保译文信息忠实于原文，做到增词不增意。

（二）定语从句的翻译

定语从句是英语中常见的句子成分，它不仅可以作为修饰语起到修饰限定先行词的作用，还是补充信息的方式，能够将相互关联的不同信息组合在一起。定语从句是保持句子连贯，或在一句话中涵盖多个相关信息的重要句型。

在《他乡暖阳》原文中使用了大量的定语从句，仅在节选文本中就有133 个定语从句，其中还存在一个主句中包含两三个定语从句以及定语从句中包含定语从句的情况。这些定语从句有的充当修饰成分，有的使句子结构紧凑并能够扩充句意，在传递信息方面发挥重要作用。然而，由于汉语中没有定语从句，译者依据翻译目的，结合具体情况，采取了多种翻译策略。

1. 将定语从句译为前置定语

功能翻译理论认为，译文追求的不是与原文的对等，翻译过程中要充分考虑译文的预期目的和预期读者，译者可以根据具体情况灵活采取翻译策略。在处理简短的限制性定语从句时，一般采用前置法，将定语从句内容放在被修饰词前，这样不仅能有效保留原文信息，还能使句子结构紧密，符合功能翻译理论的翻译原则，如图3-2所示。

They set out for cities they had whispered of among themselves or had seen in a mail-order catalogue.

他们或者前往悄悄谈论过的城市，或者前往在邮购商品目录中见到的城市。

图3-2　将定语从句译为前置定语的实例

分析：一般情况下，简短的定语从句可以翻译成前置定语，因为汉语中短句使用较多，如果译文中出现冗长的修饰语，不利于读者阅读，会增加阅读难度。例句中先行词"cities"后的定语从句有个单词，虽然不算简短，但是考虑到定语从句与被修饰词之间关系较为紧密，所以翻译时将定语从句处理为前置定语，以修饰"城市"这个词，由此得到的译文为"他们前往悄悄谈论过的或在邮购商品目录中见到的城市"。为了更好地达到译文语言贴近译语使用习惯的目的，进一步将"城市"前较长的修饰成分按照内容分为两个部分。这样处理后，虽然句子被划分为两个部分，但是摒弃较长的修饰成分后，译文读起来更顺畅，符合翻译的目的原则。

为了达到译文语言表达便于读者理解的翻译目的，一般在定语从句与先行词关系紧密且翻译为前置定语后不冗长的情况下使用前置法。实际上，大多数定语从句不一定要翻译成中文的定语，可以灵活变通，译成各种类型的状语或转换成其他类型的从句，甚至译成独立的句子。

2. 将定语从句译为并列分句

有些情况下，英语中的定语从句的主要作用是提供相关信息。在翻译这类定语从句时，可将它们译为句内的并列成分，并按照汉语表达的逻辑顺序安排各个成分的先后位置，从而摆脱原文表达方式的束缚，实现使用汉语的表达方式传递原文内容的目的。

3. 将定语从句译为状语从句

按照目的原则，翻译的目的决定翻译过程中要采取的策略和方法。只要符合翻译目的，译者就可以根据具体情况灵活采用翻译策略。因此，译者可以依据定语从句的内容与主句的关系，将定语从句转化为状语从句，从而增强译文句子间的连贯性和逻辑性，这样就能在不影响实现翻译目的的前提下，使译文内部更通顺、连贯。

4. 将定语从句译为独立句子

根据功能翻译理论，决定具体翻译策略选择的因素是翻译目的。翻译目的中对译文语言的要求，表明在翻译过程中应该重视译文读者的需求，充分考虑读者的语言表达习惯。因此，遇到较长的定语从句时，常用的处理方法是将定语从句翻译成与原文中主句分开的独立句子，从而避免译文中出现冗长的句子，以方便译文读者阅读。图3-3是其实例。

She made her way to the address she had been given and settled onto the fold-out sofa in the front room of a second cousin she barely knew.

来之前，有人把二表姐家的地址给了她，不过她根本不认识这个二表姐。她好不容易才找到二表姐家，在客厅的折叠沙发上住下。

图3-3　将定语从句译为独立句子的实例

分析：原文中的定语从句"she had been given"修饰"the address"，"she barely knew"修饰"a second cousin"，虽然两个定语从句都比较短小，但是由于原主句结构较为复杂，若将定语从句翻译成前置定语，会影响译文的通顺程度，所以译者在翻译时可调整语序，使译文符合汉语的逻辑顺序，并将两个定语从句都翻译成与主句分开的独立句子。从另一个角度来看，虽然"she barely knew"是"a second cousin"的修饰语，但实际上这个定语从句补充的信息很重要，因为这句话在讲述为寻求新生活而远走他乡的故事，所以在译文中把"她根本不认识这个二表姐"以分句的形式表达出来，更能让读者注意到这个信息，更能反映文章的主题。

从以上分析可以看出，虽然功能翻译理论并未规定具体的翻译方法，但是在功能翻译理论的指导下，译者在翻译时可以采取根据语境确定词义、语义明示、词汇解释、词汇添加等词汇层面的翻译方法，也可以采取将定语从句译为前置定语、并列分句、状语从句、独立句子等句子层面的翻译方法。译者采用这些具体的翻译方法能够呈现出更加精彩的译文，从而更好地实现翻译目的。

第三节　功能翻译理论在儿童文学翻译中的运用

一、儿童文学翻译的原则

（一）以儿童为中心，译出童趣

儿童文学翻译的对象和读者是儿童。儿童在其身心发展、认知和语言能力、文学阅读和接受能力以及审美心理方面具有不同于成人的特征。如果不考虑儿童读者的特殊性，用成人化的语言来翻译儿童文学作品，一方面会导致儿童读者产生阅读理解上的障碍，另一方面很可能使儿童读者失去阅读的兴趣。因此，译者在翻译儿童文学作品时必须以儿童为中心，熟悉儿童的语言特征，以便使用适合于儿童读者的语言，使译文的语言亲切、易懂、优美、有趣，符合儿童读者的审美心理特征和语言能力。

译者在翻译儿童文学作品时要体现童趣。童趣性原则是儿童文学作品具有生命力的保障。我们知道，童趣是儿童的情调趣味在文学作品中的艺术反映，它能够激发儿童的大脑思维和对一切事物的敏感性。如果译出的儿童文学作品能够激发儿童的大脑思维和对事物的敏感性，他们就会在生活中发现自己感兴趣的东西，在快乐的阅读中悟出一些道理来。为了增加童趣，译者在翻译儿童文学作品时可以使用口语词、颜色词、感叹词、拟声词、程度副词、叠词、动词等浅显易懂的词汇，以及一些简单的句子，使文章风趣生动，富有感情色彩。译者还可以适当使用修辞，让译作更形象、直观地再现原作内容，增加故事情节的吸引力。这样译出的作品符合儿童的阅读期待和心理特征，能增强儿童对作品的阅读兴趣。坚持"以儿童为中心，译出童趣"一个原则，有助于译者译出优秀、成功的儿童文学作品，从而激发小读者的兴趣并引起其共鸣。

（二）形象生动，简洁明了

因为儿童的感知和思维首先注重对象的外部特征，所以儿童文学作品中语言形象生动最能吸引小读者。形象生动的语言能够引起儿童的兴趣，使儿童很容易地将自己的亲身经验与语言提供的信息结合起来，从而获得更深层次的体验和感悟。为了唤起儿童对认识对象的注意，增强儿童对认识对象的感知和理解，译者要让译文形象生动，激发他们对作品的兴趣，让他们从阅读中获取知识、得到愉悦。

儿童的词汇量和理解能力有限，他们经常使用简单的词语和句子来表达自己的想法和需求。正是基于这一点，儿童文学作品很少使用深奥难懂的语言，而是选取明朗并富有表现力的词语和句式，这样既能确保语言的简洁明了，又能展示语言的多样性，不仅容易吸引读者的注意，还便于儿童阅读。如前所述，儿童文学翻译的目的是翻译出适合儿童阅读、易于被儿童接受并让儿童喜闻乐见的作品，最大限度地满足儿童读者的需要，使他们阅读和欣赏到优秀的外国儿童文学作品。这就要求译文中的词语和句子的表达不能太长、太复杂。如果词语和句子表达太复杂的话，会给儿童读者带来阅读困难，他们必须做出更大的努力才能理解这些词语和句子所表达的意思。译者只有保障译文形象生动、简洁明了，让作品中的人物及事物的声音、色彩、形状、动作等形象鲜明地展现在儿童面前，才能提高儿童读者的阅读兴趣，让他们在轻松阅读中得到快乐，受到启发和教育。

（三）适度创造，克服文化差异

一些儿童文学作品不仅让儿童读来乐趣无穷，而且让成人读来也是兴趣盎然，原因在于其无处不在的丰富的想象力和创造力保证了作品的趣味性。译者使用简洁明了的语言，使儿童文学作品的翻译充满童趣，从而激发儿童读者阅读作品的欲望。与此同时，译者适度运用创造力可以使译文更加幽默风趣、生动明快，迎合儿童的审美心理，让儿童从阅读中获得乐趣。

何其莘在《高级文学翻译》一书中指出，文学是不分国界的，但语言是文化的载体，翻译绝不是简单的文字间的转换，而是一种高度创造性的跨文化交际活动。儿童文学翻译自然也不例外。因为不同国家的儿童所处的社会环境、文化氛围、传统观念以及他们接受的教育理念各不相同，所以他们认知和接受的文化存在很大的差异。译者在将外国文学作品翻译为本国语言的时候，既要考虑到原作信息的准确性，又要意识到文化的差异性。我们可以借助相对应的中文表达方式消除由文化差异带来的表达方式差异，帮助儿童读者克服内容理解障碍。可见，为了翻译出充满童趣的译文，帮助读者准确理解原作传达的文化信息，译者在翻译中应该坚持"适度创造，克服文化差异"的原则。

综上所述，在翻译儿童文学作品时坚持以上三个原则，有助于译者译出更多优秀和充满童趣的儿童文学作品，激发和提高儿童的阅读兴趣，让他们在轻松和快乐的阅读中增长知识、健康成长。

二、功能翻译理论对儿童文学翻译的指导意义

目前，国内的儿童文学翻译呈现出一片欣欣向荣的景象，许多外国儿童文学作品被翻译成中文而进入中国市场。因此，我们需要以功能翻译理论为指导，加强儿童文学翻译研究，使儿童文学翻译能在正确理论的指导下快速发展。

功能翻译理论以翻译目的为核心，认为翻译目的决定翻译方法和翻译策略，从而产生一个功能上可满足需要的译本。决定翻译目的的重要因素之一是受众，即译文的接受者。新时期儿童文学翻译的目的是产生真正属于儿童并让他们接受的译本，帮助他们建立一个美好的精神世界。显而易见，译出适合儿童阅读、易于被儿童接受并让儿童喜闻乐见的作品，最大限度地满足儿童读者的需要，使他们阅读和欣赏到优秀的外国儿童文学作品，这是所有儿童文学翻译的共同目的。一旦儿童文学作品的译者确定了为儿童而译的翻译目的，那么整个翻译过程就有了一种特定约束。

从功能翻译理论的角度来看，在进行儿童文学翻译时，译者会考虑到儿

童这一特殊群体及其有限的接受能力和独特的审美需求，为实现儿童文学特定的翻译目的，选择合适的翻译方法，从儿童的视角去处理原文，这样才能保证译文的童味、童趣，才不会失去儿童文学色彩。只有实现了译文预期功能或目的的译作，才能称得上是优秀译作。用功能翻译理论来指导儿童文学翻译，可以使翻译行为更具目的性和操作性，使译者根据翻译预期功能或目的选择适当的翻译方法和翻译策略。译者只有使用合适的翻译方法和翻译策略，才能使翻译出来的儿童文学作品在目的与功能上更贴近原文，更好地传达原作的信息。功能翻译理论突破了传统翻译理论中以原文为中心等值论的束缚，强调"以译语为中心"的翻译导向，有利于儿童文学作品的译者更好地发挥自己的能动性，用诺德倡导的"功能 + 忠诚"原则指导儿童文学翻译，这样既可避免人们片面追求译文满足儿童读者需求的情况，又有利于形成能实现原文作者、译者和译文读者之间多边关系一致的译文。

由此看来，功能翻译理论可以用来很好地指导儿童文学的翻译。用功能翻译理论指导儿童文学翻译，可以使译者在翻译儿童文学作品时重视翻译功能和目的，既考虑儿童读者的接受性，又能忠于原文，最大限度地满足儿童读者的需求，为儿童读者提供更多优秀的儿童文学翻译作品。

三、案例分析：功能翻译理论指导下"Ready，Freddy！"的翻译

（一）词汇翻译

1. 译为叠词

叠词是由两个相同的字组成的词语，格式有 AA 类、AAB 类、ABB 类、AABB 类、AABC 类和 ABCC 类。首先，叠词的使用可以使句子更加生动，富有节奏感，读起来流畅且富有韵律。儿童在早期阅读时非常注重文字的节奏感，而朗朗上口的语言更能引起他们的阅读兴趣。其次，相同的字在读的时候具有强调的作用，能够突出句子的重点。最后，叠词在做形容词的时候能够使描写变得更加生动。最重要的是，叠词简短干练，可以大大缩短句子的长度，而简单的单词和简短的句子可以使文字看起来没有那么可怕，对鼓励儿童阅读也起到了作用。图 3-4 是其实例。

> I took a couple sips, and then my mom tucked me back in. "Good night, Freddy", she said, kink of grouchy, and close the door.

> 我喝了两小口，妈妈又重新为我盖上被子。"晚安，弗雷迪"，妈妈说道，语气<u>稍稍</u>有些不满，随即关上了门。

图 3-4　儿童文学翻译实例——译为叠词

分析："kind of"的本意为"有<u>一些</u>"，翻译时可将其译为"稍稍有些"。原因有两个：一是"稍稍有些"符合中文的语言节奏，中文多为双语言结构，四个字的词语读起来时富有节奏性；二是"稍稍"二字丰富了语言的情感，根据剧情，"妈妈"在这时只是有一点不满弗雷迪找理由下床，还没有到生气的地步，因此使用"稍稍"更能表现出小男孩此时是通过妈妈的语气对她的脾气进行揣测，想看看是否触到了妈妈的底线。

2. 译为拟声词

拟声词是模拟声音的一种词汇，通常是把汉字当成音标符号来构成拟声词，汉字只用来表音，而无关乎字义，因此它们都是衍生词。在文学作品中，拟声词与文本结合使用，可以使描述更加生动，让人仿佛亲耳听见了文本中的场景声音，从而丰富了文本的内容。同样，在儿童文学作品中，拟声词的运用会让文本的节奏变得更加鲜明，能够丰富儿童脑中的故事场景，使人物更加活灵活现，还可以提高儿童的阅读兴趣。因此，对拟声词的翻译是影响翻译质量的一个重要方面。图 3-5 是其实例。

> "Freddy, are you finished yet?" — "Arllmosss!"

> "弗雷迪，刷完了吗？"—— "咕噜噜……快了！"

图 3-5　儿童文学翻译实例——译为拟声词

分析：这里作者用"Arllmosss"表达了主人公因刷牙说不清楚话而将"Almost"说成"Arllmosss"，十分生动有趣。从"Arllmosss"的发音中，人们仿佛可以看到小男孩满嘴泡沫的样子。在英文中，拟声词既可以表示声音，又可以表达意思，但中文却不同，这种通过改变发音实现文学目的的手段在中文里并不常用，因此翻译时只能通过其他方式呈现这种听觉感。作者在这里是希望通过特殊的单词发音让人感受到主人公口中含有水说话不清楚的一种状态，同样，中文里可以用"咕噜噜"一词形容人刷牙时口中有水的声音，因此通过添加拟声词，可以达到同样的听觉效果。

3. 语气词的处理

儿童文学中少不了对话的描写。对话的语言常常是即兴组织出来的，而人们在思考时会用语气词来填充句子。儿童更是如此，他们所掌握的词汇量少，逻辑性不强，因此在说话时就会需要更多的语气词来填补句子的空白，如啊、哦、嗯、这个、那个等。而且，语气词可以生动地表现出人物当时的心理状态，如惊吓、开心、失望等。语气词的翻译可以使句子更加地道，更加随意和口语化，也能体现出人物当时的心理状态。这些词语在中文里有不同的应用范围，因此在翻译时需要根据不同的情况选择合适的语气词。

例如，"well"在英语中应用很广，常用作语气词，而在翻译时不可以统一翻译成"好"或者"那么"，而是要根据上下文语境进行翻译。图3-6是其实例。

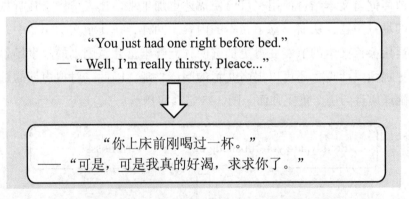

图3-6　儿童文学翻译实例——语气词的处理

分析：这里的"well"并没有什么意义，而是在妈妈第一次回绝他的时候，小主人公急忙反驳，努力为再喝一杯水找借口，所以"well"在这里只是小男孩思考借口时为填补语言空白所说。因此，译者在翻译时选择了重复"可是"。这个"可是"表现出小男孩想要极力反驳的心情，但还没有想好用什么借口。同"well"一样，这里的"可是"没有特殊的意义，但表达出了语气的停顿，并且符合中国儿童的语言习惯。

4. 简单词的使用

简单词是与复杂词相对应的。复杂词有两种：一种是指词语中具有难认的字或者多在书面语中使用的不常用的词语；另一种是指抽象词语。虽然这些复杂词能够起到言简意赅的效果，但是在儿童文学翻译中，复杂词的不当使用会造成儿童的阅读障碍，打击他们的阅读积极性，甚至影响他们对文章内容的理解，因此在翻译时要尽可能地选用儿童熟悉的、字词结构简单的、词义具体的、日常生活中常说常用的词语。图3-7是其实例。

I tiptoed in, snuck up from behind, and tapped my mom on the shoulder.

译文1：我踮着脚，蹑手蹑脚地从妈妈背后拍了一下她的肩膀。
译文2：我踮着脚尖儿，悄悄地从背后拍了拍妈妈的肩膀。

图3-7 儿童文学翻译实例——简单词的使用

分析：译文1中将"snuck up"译为"蹑手蹑脚"，其中"蹑"字对于认字数量较少的儿童来说存在认知困难，并且"蹑手蹑脚"多为书面语言，不如"悄悄地"生动鲜明地表现出主人公的行为。

（二）句子翻译

儿童文学的句子结构应以简单句为主，并尽量使用纯正的中文句式，减少欧话语对译文的影响。

1. 句子长度的处理

长句在英文里应用较广，即便在儿童文学作品中也经常出现。但在中文里，长句的使用没有那么普遍，儿童文学作品中多以短句为主。这是由中英文不同的语言特点决定的，因此译者在翻译时需要注意，必要时可以改变原有的句子结构，缩减句子的长度。简短的句子可以使小读者更好地理解与接受，减少阅读障碍。

2. 复杂句的翻译

中文可以通过上下文顺序表达句子的前后关系，若过多地使用连接词会破坏中文的美感与意境。7～11岁的儿童正处于语言发展的关键时期，而这个时期养成的语言习惯在今后难以更改。因此，译者在翻译复杂句时应使用地道的中文，避免让多余的连接词影响了译文的质量。图3-8是其实例。

Oh, Robbie, if only you could have seen him with oatmeal smashed all over his face.

译文1：对了，罗比，要是你能看到他满脸燕麦糊糊的样子就好了。

译文2：对了，罗比，你是没看到他满脸燕麦糊糊的样子。

图3-8 儿童文学翻译实例——复杂句的翻译

分析："if only"在英文里表达的是"如果……就好了"的意思，但是如果中间插入的部分过长，就会使"如果"和"就好了"断开，这样不利于儿童的理解。"if only"是虚拟语气，表达的是因没有做什么事情而惋惜，其本身的意思就是没有发生。因此，译者在翻译时可以改变句子结构，将不符合中文习惯的"如果……就好了"译为本意"没有"，这样既符合中文的说话习惯，又便于儿童理解。

在英文写作中，还有许多典型的句子结构，如"so...that""enough to"，在翻译这些结构时，不能生硬地将其译为"如此……以至于""足够……可以……"，因为在中文中这样的句子结构并不常见，所以生硬的翻译会使儿童感觉奇怪和不自然。

第四节　功能翻译理论在影视文学翻译中的运用

一、功能翻译理论在影视字幕翻译中的适用性

字幕是指无对白电影画面切换时显示在屏幕上的文字说明或对话片段，或是在播放外语电影或电视节目时显示在屏幕底部的翻译。字幕有其自身特性：一是瞬时性，即画面和声音一改变，字幕也随之改变，观众不能再回头去看；二是口语性，因为大多数字幕都是对话，所以字幕具有口语性特点；三是文化性，语言是文化的载体，字幕多是对外语的翻译，自然承载着外来文化；四是综合性，影视是视、听的结合，而字幕也是影视的一部分，需要整体协调。

由于字幕本身具有的特点，字幕翻译受到很多因素约束，主要有以下三个：一是时间限制，主要受原电影声音或图像所持续时间、观众浏览字幕所需的平均时间影响；二是空间限制，主要在于屏幕空间有限，有学者就此指出英语字幕一次最多不能超过两行，而中文字幕最多不要超过一行，并且一行最多不要超过 13 个字；三是语境影响，语言使用者的主客观因素不同影响到字幕的作用。

影视字幕翻译是一种有目的的行为，不同类型和内容的影片，其翻译要达到的目的各不相同。此外，影视作品可以通过声音、画面来传达信息，而一般的文本只能通过文字来传达信息，因此影视作品翻译有其特殊性。以上两点使运用功能翻译理论指导字幕翻译实践成为可能。

一部影视作品必须要赢得观众才能在国际市场上获得成功，除了注意本身内容和宣传策略，还需要合适的字幕翻译。如何判断是否合适，取决于观众的要求和期待，而满足观众的要求和期待正是字幕翻译的重要组成部分。此外，字幕的瞬时性和空间限制决定了必须对原文本信息进行选择、处理，这就使应用功能翻译理论成为必要。

根据赖斯的文本类型理论和目的论三大原则，在影视字幕翻译中运用功能翻译理论主要有以下步骤：第一，要熟悉影片内容和电影类型，了解电影风格和电影意图；第二，要分析目标观众的特点、期待和文化特征；第三，

在了解影片、导演和观众的基础上明确翻译目的；第四，根据翻译目的选择翻译策略和技巧；第五，翻译字幕；第六，根据影视字幕的时空限制对字幕进行调整。

翻译字幕时要根据不同的影视作品类型采取不同的翻译方法。在此过程中，有两个原则要注意：一是注重语言的艺术性；二是直译和意译都要以观众为中心，要考虑到观众的语言和教育水平差异，采取正确的翻译策略。另外，字幕中文化负载词的处理也很重要，因为影视传播不仅是娱乐活动，还是一种文化交流。然而，影视作品中有一些文化信息在翻译时很难做到完全形似和意义对等。译者作为文化交流的中介，要尽可能地促进不同文化进行交流，以减少文化差距。

在翻译策略方面，李运兴提出了五种应对方法：直入式，原语文化词语直译或音译；阻断式，原语文化词语被略去；诠释式，提供相关语境；融合式，原语文化表达形式与译语表达形式融合，以一种新的语言形式进入译语；⑤归化式：用译语文化词语代替原语文化词语。

二、案例分析：功能翻译理论指导下《银河护卫队》的字幕翻译

《银河护卫队》中的人物性格鲜明，有着各自的语言风格。字幕台词中有大量的俗语、俚语和幽默语。翻译的难点在于，由于很多中国观众缺乏对美国社会文化的了解，所以应该思考如何处理文化意象对应空缺的问题；如何翻译双关语，以尽可能地还原原语营造出的幽默效果；如何处理比喻句；等等。

（一）文化意象对应空缺的处理

由于外语电影是对本国文化的一种映射，电影字幕中包含了大量的背景信息和文化意象，而这些带有鲜明文化特色的内容大多不为非原语观众所了解。因此，包含文化意象词句的翻译是电影字幕翻译的重点和难点。由于男主角彼得·奎尔1988年后才被带离地球，影片中的文化背景许多都是美国20世纪80年代及以前的电影和音乐娱乐。为了让译语观众了解这些信息，增译和改译成为解决该问题的主要方法。增译，顾名思义，即通过添加、扩充、引申使译语含义突破简单的字面意思，从而更加丰富。改译，即译文不是直接翻译，而是通过另外一种表达方式，挖掘原文的引申义。通过增译和

改译，观众可以在有限的时间、空间里最大限度地了解到台词背后包含的文化含义。图 3-9 是其实例。

原文：Yo, Ranger Rick! What are you doing?
译文：喂！喂！<u>浣熊君</u>，你干什么呢？

图 3-9　影视字幕翻译实例——文化意象对应空缺的处理

分析：此例中的"Ranger Rick"是彼得·奎尔对火箭的戏称。Ranger Rick 是美国 20 世纪 70 年代儿童作品中的主人公，其形象是一只小浣熊。因此，译者在翻译时没有直接翻译名称，而是译为"浣熊君"，这符合彼得爱开玩笑的性格和戏谑的语气。

（二）语言风格的还原

和漫威其他英雄电影一样，《银河护卫队》中的人物性格迥异，每个角色通过不同风格的语言被塑造得丰满且栩栩如生，让人印象非常深刻。在翻译影片的过程中，译者可以运用改译的手法，力求把握每个人物的性格特点，以期达到和原语观众相近的欣赏效果。图 3-10 是其实例。

例1：Well, he don't know talking good like me and you.
译文：呃，他说话不像你跟<u>俺</u>这么<u>利索</u>。
例2：Well, supposably, these bald-bodies find you attractive. So, maybe you can work out some sort of trade.
译文：比方说这些大秃头觉得你漂亮，<u>你使个美人计就得了</u>。

图 3-10　影视字幕翻译实例——语言风格的还原

分析：例 1 中，火箭说的话有明显的语法错误，而字幕对应选用中国方言"俺"和"利索"来展现其粗俗的一面。例 2 中，火箭让卡魔拉想办法拿到关键工具——电池。译者在翻译"work out some sort of trade"时，与前文火箭说的"这些大秃头觉得你漂亮"联系起来，改译为"你使个美人计就得了"，符合功能主义目的论的连贯原则和目的原则。

（三）双关语的翻译

双关语是字幕翻译，乃至所有体裁的翻译中较难处理的问题。双关语是指利用词的多义和同音的特点，把互不相关的双重意义结合起来使用而产生的言在此而意在彼的修辞手法。钱绍昌教授在《影视片中双关语的翻译》中，从自己影视翻译的实践出发，以大量例子说明中文阐释和重写是翻译双关语的最有效途径。译者在翻译双关语时，应力求贴近原文"形"和"义"，在两者不能兼得时，去其形而留其义，用阐释的方法翻译原文文本。图 3-11 是其实例。

Metaphors are gonna go over his head. Nothing goes over my head. My reflexes are too fast. I would catch it.
译文：打比方只会让他 想破头，什么也破不了我的头，我反应很快，一下就能抓住。

图 3-11　影视字幕翻译实例分析——双关语的翻译

分析：火箭浣熊说德拉克斯脑筋不会转弯，听不懂比喻，而德拉克斯不理解"over his head"的真实含义，仅仅从字面理解，因而闹出笑话。这里"over his head"是处理的难点，可以运用重写的策略将其译为"想破头"。德拉克斯的回应是"什么也破不了我的头"，这样语义连贯，使中国观众可以体会到与原片一样的幽默效果，遵循了目的论的原则。

（四）比喻的翻译

电影不同于科技翻译或者文学翻译，其具有大量口语化的台词，使得俗语、俚语不可避免。在俗语、俚语中，比喻属于比较难以翻译的一类，而要达到与原语相同的修辞效果，有时需要译者花费一番心思。在处理比喻时，译者可以运用直译与意译相结合的策略。图 3-12 是其实例。

原文：We got a ringer.
译文：我们有个制胜法宝。

图 3-12　影视字幕翻译实例——比喻的翻译

分析：彼得·奎尔在向勇度解释他的计划时，将卡魔拉描述为"ringer"。在英文中，"bell ringer"有"扭转乾坤的人"的意思。但如果翻译成"我们有个扭转乾坤的人"，显得拖沓冗长，不符合字幕简洁性的要求，因此可译为"制胜法宝"，从而减少了中国观众的观影负担。

三、小结

随着全球化发展和中国改革开放的不断深化，各国、各民族之间的文化交流日益深入，大量在国外热播的影视剧被引入国内，深受中国观众追捧。同时，信息技术的发展打破了传统的引进模式，越来越多的外国影视作品被配上中文字幕后通过互联网迅速传播，使得中国网民得以欣赏其独特魅力。随着中国对外国影视剧需求的逐步扩大，一方面相关文化产业得到了发展，另一方面对高质量影视剧字幕翻译的需求也在日益增加。

字幕翻译是翻译的重要组成部分之一，充分展现了翻译的交际功能。字幕翻译既具有翻译的一般共性，又有别于普通的文本翻译，具有自身独特性。字幕的特点决定了字幕翻译受到时间和空间的限制。因此，影视剧字幕翻译应力求简单、明了、准确、易懂。

此外，译者在进行字幕翻译时还应注意保留语言的艺术性，并以目的语观众为出发点，采取恰当的翻译方法。当遇到文化负载信息时，译者要尽可能地减少由于文化差异而带来的理解困难，促进读者对文化的理解。当然，这就需要译者发挥主观能动性，在对原文充分理解的基础上进行整合，并在新的语境中创造新的话语。

根据功能翻译理论，译者应根据不同的文本类型选择不同的翻译策略。影视作品的字幕是在艺术的范畴之内，可算作表达型文本。因此，字幕翻译在意思准确的基础上应该尽量追求艺术性，使观众能够领略到原语的艺术特征。此外，翻译活动是一种有"目的"的行为，翻译目的决定了翻译方法。在选择翻译策略时，一要考虑语言功能，二要清楚译文的目的。显然，字幕的语言功能在于为观众提供必要的信息，并感染观众。字幕翻译的目的在于通过为目的语观众提供语言信息，使他们理解并欣赏基于原语的影视作品。

基于以上对影视字幕语言特点、功能以及翻译目的的阐释，结合功能翻译理论的重要思想，笔者认为，字幕翻译应当尽量追求简洁、易懂。究其原因，主要有两个：首先，这是由影视字幕的语言特点、功能和翻译目的决定的；其次，由于影视字幕多是编排在电影或电视屏幕下方，受到时间和空间双重因素制约，如果字幕过于冗长，会阻碍观众的阅读和理解。另外，译文语言必须通俗易懂。如果字幕译文过于复杂，甚至晦涩难懂，将会影响观众在短时间内理解并欣赏节目。因此，为实现影视字幕翻译的目的，译者必须采取灵活、恰当的翻译策略和技巧。

字幕翻译不仅是单纯的两种不同语系的文字转换，更需要充分的译前准备。电影文字多为口语，因此，译者不仅需要研读文本，还应反复观看影片，深刻把握剧情和人物关系，认真揣摩人物性格，理解台词背后的引申意义，通过语言向译语观众传递正确信息，切不可离开电影直接翻译文本。在翻译过程中，译者要查阅相关背景资料，遇到地道而陌生的俚语、俗语和文化知识时，可以借助字典和互联网等工具，必要时可向外国友人请教，以准确传达原影片效果；遇到翻译难点时，可以以翻译理论为指导，结合实践寻求具体的翻译方法。

第四章 基于功能翻译理论的非文学翻译应用

第一节　基于功能翻译理论的商业广告英汉翻译

一、商业广告概念及特点

商业广告是为了满足某种特定的需要，通过媒体的形式向大众广而告之。广告既是一种宣传手段，又是一种实用性很强的文体。一般来说，商业广告主要有两个功能：第一个是信息功能，即通过广告的形式让潜在顾客了解到产品的相关信息，比如产品的作用、产品的优势、产品的成分等；第二个是引导功能，通过商业广告的投放，企业想要达到以良好的广告效应来吸引顾客购买产品的目的。分析两个功能之间的关系，可以看出第一个功能其实是为第二个功能服务的。只有当顾客了解到产品的信息之后，才能在头脑中形成一定的印象，并进一步产生购买的欲望。因此，商业广告必须要实现商业价值，而只有通过广告达到了销售产品的目的才能算得上是实现了广告的价值。商业广告的这一特性就对广告翻译行为做出了严格的限制，因此，译者在进行广告翻译时通过译文实现了原广告的两大功能，才能算是比较成功的翻译广告。了解商业广告的特征对于翻译实践来说十分必要，因为只有了解清楚了商业广告的本质和特征，译者才能在翻译广告的时候抓住重点，体现出翻译和广告的功能。

基于商业广告自身的特点和功能，广告翻译呈现出一些独特的特点。这些翻译上的特点既体现在选词造句上，又体现在不同翻译方法的采用上。随着经济全球化的发展，当代商品市场已经成为一个商品数量多、品牌数目大的全球竞争市场。只有在翻译中体现出广告用语的特点，才能为特定的商品赢得更多的潜在顾客。具体来说，广告翻译有如下特点。

第一，简短精炼。一方面，商业广告作为商品市场经济下的产物，是一种耗资不少的商业活动，企业往往需要花费大量的费用才能在媒体上获得短暂的宣传时间。因此，每分每秒对于广告产品的宣传来说都是至关重要的。这样一来，就要求广告必须简洁明了，能够让观众在有限的广告时间内了解到产品的特点和信息。另一方面，在信息快速发展的时代，观众每天要接受的广告信息量巨大，过于冗长、复杂的广告不仅没有办法吸引观众的注意力，还没有办法在极短的时间内给观众留下深刻的印象，反而不如简单精练的语言更有宣传的力量。这就要求商业广告必须形式简短，容易让人看明白。考虑到商业广告本身需要简短精炼的话语，广告翻译也要能够完美重现这一特点。只有简单明了的广告翻译才能最大限度地发挥广告时间的积极作用，起到宣传、促销的效果。

第二，创意独特。在异常激烈的市场竞争体系下，任何一个种类的产品都可能有成千上万个潜在的竞争对手。这些竞争对手中采用广告这一宣传形式的企业也不在少数。使产品的广告在无数的广告中脱颖而出，这既是一个重点，又是一个难点。在这样的情况下，广告创意的新颖性和独特性就成为广告宣传的关键。在翻译广告时，译者应尽量使用一些歇后语、成语、双关语等来体现新意。如果广告翻译符合目标市场所在的文化审美，那么广告就能成功引起观众的好奇心，甚至使其产生一定的心理认同和情感共鸣。在对品牌和产品形成好感的基础上，观众就更有可能购买广告中宣传的产品。

第三，形式美感。商业广告的形式美和语调美也是十分重要的特点。如果广告语言过于单调乏味，缺乏必要的美感，就很难让观众记住。因此，商业广告不仅语言简练，在字词的选用上也遵循诗意美的原则，并且读起来朗朗上口、流畅通顺。在翻译广告的时候，译者应该尽量保持美好的意境，保持广告语的语调和谐，使其易读、易记。译者可以采用音译等方法尽量体现商业广告语的魅力。

二、功能翻译理论下的广告翻译策略

在广告翻译中，由于受到文化障碍、营销战略等因素的制约，文本与商业功能在译语环境里无法同时移植，这使得广告文本的译法、译文形式有很大的灵活性和变更性，译者很难做到译文与原文完全等值或对等。事实上，尽管广告原文与译文中的词义和结构无法对等，但仍然可以在译语文化里取得很好的交际效果。笔者认为，以语言学为基础的等值翻译理论强调"忠实原文"与"形式对等"，不能很好地指导以促销为目的的广告文本翻译，而功能翻译学派倡导以读者为中心、以"目的语文化"为导向，特别适合"呼唤型"和"信息型"文本的翻译。因此,翻译目的论可为商业资料文本特别是广告文本提供可行性翻译策略。以目的论来指导广告翻译,其优势在于,使译者更加深入地理解广告翻译的目的性本质,明确广告翻译的意图,使译者能通过综合考虑各国的历史、文化和价值观等方面的差异,灵活地采取各种不同的翻译方法来完成广告翻译。

在目的论的指导下,译者应精确把握译语的特点,充分考虑到译文读者的语言风格特征、文化背景和心理期待,激发消费者的兴趣,诱发其购买行动,从而使译文文本完成其在译语文化中的交际功能。功能翻译理论打破了传统翻译标准的局限性,让译者在翻译过程中摆脱了原文的羁绊,根据译文的预期功能或目的调整翻译策略,从而实现广告的诱导功能。

(一)充分领会广告文案作者的创作用意

广告翻译成功与否,关键在于译者能否全面、准确地传达商品的信息以及文案创作者的意图。一则成功的广告是文本作者独特创意的结晶,因此,译者应首先理解原文作者创作原文的意图,才能正确翻译广告语,从而以最经济的方式实现广告文本的预期功能。图4-1是其实例。

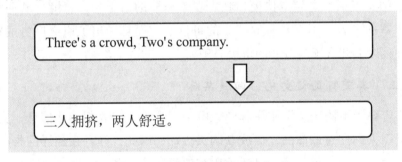

Three's a crowd, Two's company.

三人拥挤,两人舒适。

图4-1 商业广告翻译实例(1)

这则广告宣传的是澳大利亚航空公司为了给乘客提供更为舒适的环境,把本来三个人的座位改为两个人的座位。该广告语是对英语谚语"Two's company,Three's none"(两人成伴,三个不欢)的模仿和改编,取得了良好的表达效果。译者注意到了广告文案设计者意在将英语谚语与广告主题结合在一起,于是采用汉语的四字结构,对仗工整,朗朗上口,无疑增强了广告的艺术感染力。

（二）以目的语读者为导向，照顾译语读者的审美心理

由于广告翻译译语最终面对的是译语的读者，所以广告翻译活动应以译文接受者为中心，兼顾译语读者的阅读习惯和审美心理，并尽量使用他们熟悉的言语表达，准确再现原文的精髓。图 4-2 是其实例。

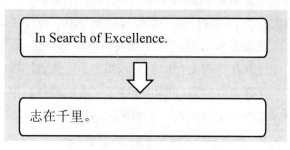

图 4-2　商业广告翻译实例（2）

原广告"In Search of Excellence"简洁明了、朗朗上口，符合西方人直接表达的习惯，但如果直译为"寻求最佳"，就缺少了原有的韵味，不能体现广告商品的特色，难以让广告受众产生心动的感觉。意译为"志在千里"，借用了中文成语"老骥空伏枥，壮志在千里"的后半句，意境含蓄而深远，包含丰富的内容，不仅具有原广告的可读性，而且译出了原文广告的精髓，在某种程度上迎合了消费者的审美心理。

（三）尊重目的语文化，回避禁忌

广告翻译不同于文学作品翻译，由于广告不仅向人们传达信息，更重要的是吸引人们注意该商品，促成其购买行动，因此，译者在翻译广告时不仅要保持对原文的重视，还应灵活采用其他译法，使译文在译语语言环境中和文化环境中达到预期的宣传功效。图 4-3 是其实例。

随身携带，有备无患；随身携带，有惊无险。

A friend in need is a friend indeed.

图 4-3　商业广告翻译实例（3）

在翻译这则广告时，译者并没有亦步亦趋，而是考虑到了译语读者的文化背景，巧妙地将其译成英美人士熟悉的英语谚语。该译法从理论上违背了传统的"忠实"标准，但从目的论的视角来看，虽然形式上与原文不对等，却在强调该产品特殊功能的同时，让西方消费者倍感亲切和温暖。由此可见，广告翻译的方方面面都体现出了文化差异，如果忽略了民族文化这个载体，翻译语言就会陷入一个尴尬的境地。因此，在翻译广告文本时，我们必须考虑到文化背景的差异性，尽量让译语读者更好地理解广告中蕴含的特殊含义，以便实现译文在目的语环境中的预期功能。

（四）灵活运用各种修辞手法，增加广告效果

运用修辞手法是创作新颖、奇妙广告的一种有效方式，它能使广告语形象生动，达到令人意想不到的精彩效果。在功能翻译理论的指导下，译者可以冲破原文的羁绊，广泛采用对比、双关、夸张、借代、拟人、倒装等修辞手法和技巧，给广告注入新鲜活力，达到商业促销的目的。图4-4是其实例。

To me, the past is black and white, but the future is always color.

对我而言，过去平淡无奇；而未来，却是灿烂缤纷。

图4-4　商业广告翻译实例（4）

该广告原文语言简练、对比鲜明，象征过去的丰盈与美好的未来之间的永恒联系。在翻译该广告时，译者没有将"black and white"和"color"直译成"黑白色的"和"彩色的"，而采用四字结构，分别译为"平淡无奇"和"灿烂缤纷"，完美再现了原文中的对比修辞，充分体现了中文词汇丰富的优势，给消费者以美的享受。

第二节　基于功能翻译理论的科技英语翻译

一、科技英语概述

（一）科技英语的内涵及意义

科技英语是指自然科学和工程技术领域的研究报告、科学著作、科学论文、科技教科书和科技演讲中广泛使用的英语。自 20 世纪 70 年代开始，世界科学技术快速发展，科学研究者急需一种专门用于科技交流的语言，而英语作为世界上使用范围最广的语言，成为当之无愧的载体。为适应科学研究交流的特色，应用于科技交流领域的英语必须客观、简洁、准确，这就需要研究者对英语的词汇、句法和文本风格等进行探索，总结出成熟的科技英语文体的标准和规范。经过多年的研究和探索，具备独特语言风格的科技英语逐渐成熟，并随着科学技术的发展不断做出调整。在科学发展迅速和国际交流频繁的今天，加强对"互联网 +"时代下的科技英语语言特点的探究，有利于使科技英语更适应当前的国际科学技术交流，有利于我国理工科院校英语教材的编写，在一定程度上还能促进我国与世界的科学技术交流，因此具有重要意义。

（二）科技英语的语言特点

1. 词汇层面

第一，词源广泛。科技英语的词汇来源主要有三方面：一是纯科技词汇，即当科学现象、技术、产品出现以后，根据其特点专门创造出来的新名词，一般只用于固定的专业学科之内。在"互联网 +"时代，更多信息科学方面的发明需要精确性和针对性强的词汇来对其命名。以计算机通信领域为例，新出现的"5G"网络是英文"5th Generation"的缩写。这些纯科技词汇不仅能准确描绘新技术的特点，还能使科技英语词汇紧跟科技发展潮流，确保国际科技交流的顺畅。二是通用词汇应用于科技英语。英语是一种成熟的语言，它和汉语一样存在一词多义的现象。这些多义词在不同的领域具有不同的词义，如"power"一词，作为名词可翻译为"控制力、影响力、操作力、统治、政权、能力、机会"，作为动词可以翻译为"驱动、推动，迅猛移动、快速前进"等,而应用在科技英语中,它往往只作为抽象意义的"力、电力"。这部分通用词语在科技领域的应用范围很广,在科技英语中的出现频率也比纯科技名词高。三是由希腊语和拉丁语词根、词缀派生出的词语。希腊语和拉丁语的起源都很早,而在漫长的历史演变过程中,它们的一些词根和词缀形成了极其稳定的意义,这些词缀在英语语言发展过程中被吸收进来,成为英语的一部分。由于科技英语要求语言准确、意义专一,科技英语会偏向于使用那些具有稳定意义的希腊语和拉丁语的词根、词缀,因此,科技英语中的希腊语和拉丁语成分特别多。

第二,词义精准。科技英语中为了表达准确,一般都会避免使用可能产生误会的词语,而选择使用那些只存在唯一词义的词汇。科技英语研究者发现,英语词汇越短,即构成词汇的字母越少,词汇拥有的词义就越多,所以科技英语一般选择长度比较长的词汇来降低产生分歧的概率。例如医学名词"hypocholesteremia"(低胆固醇血)和"pseudohermaphroditism"(假雌雄同体现象),其指向单一,意义明确,而这种词在医学、药学、生物学和化学中最为常见。在组成词语的过程中,科技英语多使用拉丁语和希腊语的词根、词缀与词干进行结合,对词语的意义进行限制,使科技英语的词汇表意更加清晰、明确。

第三,大量使用缩略词。由于科技英语中经常出现由各种词根和词缀堆叠起来的、词汇长度较长的英语词汇,给科技英语的书写、记忆、读音都带来了很大的麻烦,因此,科技英语研究者在创造字母数量较多的科技英语词汇和短语之后,会对其进行缩略,用较少的字母表示较长的词汇和短语。科技英语的词汇缩略方法有三种:一是首字母缩略法,将科技英语中的较长的短语,取其首字母拼缀成词并大写,以此来代指短语所表示的科技现象或产品,如计算机中的中央处理器(central processing unit)就可以被缩略为"CPU"。二是将词的部分截缩,构成新词。截缩部分通常不是重要的词根或者词缀,如"parachute"(降落伞)可以被缩减为"chute"。三是从短语的两个词中抽出部分字母,组成更为简短的词汇,如"elegram exchange"(电传)被缩略为"telex"。缩略以后的词汇更加简短,容易被书写和辨认,同时没有损害科技英语词义的准确性。

2. 句子层面

第一,大量使用被动句。科技英语文章中阐述的重点是客观的科学事实，要展现出真实的事物、现象和过程，在阐述过程中应尽量少掺杂作者的主观观点和情感，因此在行文过程中。科技英语一般会避免使用主动句，改用更能表达客观现象的被动句。另外，英语中居于主语位置的词能够引起读者的注意，主动句中动作的发出者是主语，而被动句中的客观事物和现象是主语，因此，科技英语会为了突出客观事物和现象而采用被动句。科技英语中的被动句与科技英语的名词化倾向有关。为了增强科技英语文章的客观性和表达的准确性，作者会更多地使用名词，还会减少动词、形容词的使用。在被动句中，动词和形容词可以被表示动作和状态的抽象名词、起名词作用的非限制性动词代替。

第二，多用一般现在时和情态动词。在科技英语文章中，一般现在时和情态动词的使用频率比较高。究其原因，是因为科技英语文章阐述的目的在于说明真理，向外界传递自己发现的科学定理和定义，而为了精确表明自己的观点，需要抛却任何与时间有关的误解，把自己的理论放在一个"无时间性概念"或者"超时间性概念"的环境中进行阐述，所以一般现在时的应用较多。情态动词的运用是作者出于对某事物、现象的评述和对某种事实发生或存在的可能性的判断，非常契合科技英语文体的表述需求。

第三，多用两个从句以上的复杂句。科技英语需要传递较为复杂的科学理论、科学规律或者科学现象。这种复杂的科学技术很难用简短的简单句进行表述，因此很多结构复杂的长句被广泛应用在科技英语文章中。复杂句的特点是从句多、短语多，而且短语和从句之间既可以是并列的关系，又可以是递进的关系，同时还有省略句和倒装句在其中，因此显得结构尤为复杂。但是对于科技英语文章来说，复杂句的严密性、逻辑性和准确性能够保证科技英语文章的表述清晰。

3. 文本层面

科技英语在词汇和句子中的语言特点，直接决定科技英语文本的独特风格。作为科技文本的分支，科技英语文本主要是对科技领域的理论、事物和现象进行表述。就语言风格而言，科技英语文本偏向于客观公正、精准明确、简洁有序，要求多逻辑性而少修辞性；文学文本注重语言的丰富多变、生动有趣，个人的主观风格突出，对逻辑性的要求较少，对个人修辞上的要求更多。就适用的领域而言，科技英语文本在电子计算机、电力电气、信息工程、交通、石化和科学研究中应用比较多；文学文本多出现在诗歌、散文、小说和戏剧中。就承载的功能而言，科技英语文本重在传递信息、陈述事实、探讨真理；文学文本承担着传递文化、表达个人情感的任务，二者具有鲜明的对比性。

二、功能翻译理论指导下的科技英语翻译策略

在具体的科技英语翻译实践中，翻译者可以根据功能翻译理论中的文本功能和目的性原则，在真实遵循原文内容的基础上，对科技英语进行准确、真实的翻译。下面主要从科技英语的词汇、语句这两方面来分析科技英语的翻译技巧。

（一）词汇翻译策略

科技英语包含专业的词汇和普通的词汇。译者在翻译时可以大量运用一些复合词、省略词，从而选择正确的词义进行翻译。

第一，选择词义。在科技英语中，一些普通的词汇也会具有不同的含义，当一些动词和不同的名词搭配时，我们也要引起注意，它们有可能被翻译成不同的意思。图 4-5 是其实例。

Although penetration is higher in other countries, the **sheer** number of subscribers is what matters more to developers and device manufacturers.

图 4-5 科技英语翻译实例（1）

"sheer"一词一般具有"完全的，透明的，绝对的"等意思，并且在不同例句中会有不同的含义。根据句子的意思进行分析，在本例句中它应该被翻译成"绝对的"，这样比较符合文章所表达的意思。在任何的翻译中都需要结合上下文的意思，针对不同的语境选择正确的词义进行翻译。

第二，词性的转变。根据功能翻译理论的内容，译者在翻译时可以将一些具有动作含义的名词、形容词等的词性进行转变，使译文更加准确和规范。图 4-6 是其实例。

例1：It is the **national market** with the most 3G subscribers.

例2：These companies' market valuations are **additional evidence** that United States is the leader in this space.

图 4-6　科技英语翻译实例（2）

在例 1 中，译者可以在翻译中将"national market"翻译为介词短语，这样可以使翻译更加流畅和简洁。在例 2 中，译者可以把"additional evidence"这个词翻译成动词"表明"，使翻译更加准确、简洁且流畅。

第三，掌握科技英语专业术语的翻译方法。一是意译法。意译主要是指根据科技术语的内在意思将其翻译成与汉语意思完全对等的词语。意译是科技术语翻译中最常使用的基本方法，如把"firewall"译为"防火墙"等。二是音译法。该方法主要是根据科技英语的发音翻译成相对应的汉语意思，如把"pentium"译为"奔腾"等。在使用音译法时，译者应注意应用汉语普通话发音，而且应尽量避免使用生僻字。三是还原法。还原法的使用主要针对一些赘词、缩略词、混合词等英语词语，如把"CPU"译为"中央处理器"，把"ASCII"译为"美国信息交换标准码"等。四是音译结合法。该方法主要是在事物的内在属性难以完全表达出来时，采用的一种让读者便于理解的方法，如把"carabine"译为"卡宾枪"等。对音译结合法的使用一般是对部分科技术语进行音译。五是形译法。某些科技术语是由表示术语形象的单词和其他单词结合而成的词语，而译者在进行翻译时应适当保留其中的形象词，如把"X-ray"译为"X 光"。

（二）语句翻译策略

因为受到地域差异性、语篇复杂性以及内容特殊性的影响，科技英语往往广泛运用名词或者名词化结构等，从而把句子变得简短精炼，但终究还是有一些拥有众多逻辑关联词的长句存在。为了能更准确、简洁地翻译出来，就需要译者整理句型，找出关键部分，再进行翻译。在翻译过程中，译者要注意以下两个方面。

第一，语序调整。由于科技文章大多进行理论阐释、原理分析及个案演示，因而较之汉语，在逻辑语序上英语为"归纳—演绎"式，即按"结果—因/条件，结论—陈诉；说明—让步/时间，活动—场所"等模式展开，与汉语的事理顺序形成反差。因此，译者翻译时必须做适当语序调整，充分考虑译文读者的思维习惯和阅读心理，尽量按译文的事理顺序行文布局，利于读者理解和接受。图 4-7 是其实例。

原文：Fatigue failure of structural components of an aircraft of fail-safe design is quite acceptable providing it does not occur often enough to endanger the aircraft, reduce its service lift, or reduce its utilization and economy by excessive maintenance.（结果—条件）

译文：对于飞机自动防故障装置的设计，只要其结构部件疲劳状态不至于危及飞机安全、缩短飞行寿命或因维修过多导致使用率和经济效益降低，那么，一般的部件疲劳是可以承受的。（条件—结果）

图 4-7 科技英语翻译实例（3）

第二，结构拆译。由于科技翻译信息量大、结构严整，因而复句、长句较多，在翻译过程中，为使表达更清楚、意义明确，不妨将它们拆开来译，或在信息密集的情况下，将原文分散的内容按译文的逻辑顺序予以适当整合或调整。图 4-8 是其实例。

原文：The ultimate speed limitation has usually to do with irregularities in curves, in particular the transition which even when perfectly maintained provides a roll input to passengers which cannot be compensated by tilting system.

译文：终极速度的限制通常与弯道的不规则性有关，特别是在列车路经弯道的转换过程中，即使这一转换十分完美，仍会给乘客带来一种摇晃的感觉。这种不平稳的感觉无法靠倾斜系统来弥补。

图 4-8 科技英语翻译实例（4）

科技英语翻译对于我国学习外国先进的科学技术具有正确的引导作用，因此，我们必须重视科技英语翻译的实践与运用。掌握科技文本的词法、语法、句法以及语篇内容等方面的特性，是正确翻译科技英语文本的重要前提。当翻译一些长难句和复杂篇章时，功能对等理论的运用使得译文与原文能实现句子表层意思对等、语篇语用对等、深层内涵对等。在科技英语翻译过程中，翻译技巧与翻译方法尤为关键，译者既要遵循原文的本意，又应符合中文惯用的表达方式，并且尽可能最大限度地实现翻译对等，从而完成最合理、贴切的科技英语翻译。

第三节　基于功能翻译理论的产品说明书翻译

一、产品说明书的语言特征

（一）词汇层面

1. 采用准确而简单的词汇

产品说明书是消费者学会使用产品所借助的最直接也是最可靠的工具，因此，说明书的用词必须清晰、准确、通俗易懂；同时说明书文本应具有较强的导向性，即指导读者应该做什么、应该怎么做，指导读者相信什么（原理、事实、观点），这就决定了产品说明书的语言必须生动而平实，能在读者心中产生共鸣。基于说明书最基本的功能——易于阅读和操作，决定了选词的原则：准确、简明，因为复杂的词语只会增加理解的难度。

2. 大量使用缩略词

基于经济性表达的原则，许多词和短语都以缩略词的形式出现。缩略的方式主要有两种：其一为首字母缩略词，即使用单词的第一个字母来组成一个专业术语或短语，如 DV=digital video（数字视频）；其二为剪辑，即通过删除单词中某个或某几个音节来构成单词，如 Batt=battery（电池）。总的来说，说明书中使用的缩略词都是为大众所熟悉的词汇，因此在将其翻译成中文时，译者可选择保留英文缩略词，也可在括号中进行解释说明。需要注意的是，英文中有许多缩略语在不同语境、不同领域可能有不同的含义，因此译者在翻译时必须联系上下文分析该词在译文中的含义。

3. 含有少量专业术语

产品说明书中含有一些行业术语，有些是平时常见的普通名词，但在某个特定领域却有其独特的含义。

（二）句式层面

1. 朴素性和简洁性

朴素性和简洁性是说明书句子最显著的特点。首先，构成句子的单词（除了专业的技术和科技术语）应简单易懂；其次，在英文中，说明书的语态基本为一般现在时，偶尔会出现一般将来时和现在进行时；最后，说明书的句子结构比较简单，较少使用复杂的复合句，如定语从句、状语从句等。

2. 较多使用省略句

为了达到简洁的效果，说明书的作者经常会在说明书中使用省略句，尤其是写在包装或容器上的文字。省略句的使用受到语境的限制，也就是说，只有在读者能通过文本轻松地理解时，才能使用省略句。

3. 以陈述句为主

由于说明书的本质就是叙述或说明事实，因此陈述句是说明书文本中一个十分重要的句子类型。说明书中的陈述句大多数为简单句，结构清晰，易于理解。两个基本的简单句型是"SVO"和"SVC"，即用一个主语和一个谓语便可表达一个完整的意思。

4. 大量使用祈使句

祈使句表示命令或请求，一般没有主语。祈使句分为两种：一种是肯定祈使句，另一种是否定祈使句。肯定祈使句由谓语或谓语＋宾语（＋宾语补足语）构成，否定祈使句一般在句中带有表示严格否定意义的词语。

祈使句常常用来表示强调、命令、警告，用在说明书的警告、注意事项、操作要点等要求消费者特别注意的方面。祈使句语气庄重，指示意义明确，且表达简洁、有力，因此产品说明书中大量使用祈使句，尤其是在一些表示指令的动作、步骤或过程的描述中。一本内容清晰、语言权威的书面说明书能得到读者对其准确性及其需要遵循的步骤的信任。在翻译时，我们一般保留祈使句的句型，通常不将其改译成陈述句，反之亦然。

二、功能翻译理论指导下产品说明书的翻译策略

（一）直译

直译是指在基本保持原文的语言形式的情况下将原文的内容译成另一种语言。采用直译的方法能使原文的结构、成分等得到很好地保持。图4-9至4-10是其实例。

原文：You're driving down the highway and moving radar is coming up behind you.
译文：您正驶下高速公路，移动式雷达紧随其后。

图4-9 产品说明书翻译实例（1）

原文句式简单，两个分句均为"主语+谓语+补语"的句子结构，而采用直译的方法就能很好地实现原语和目的语的转换。

原文：This warranty is limited to the original owner, and is Non-transferable.
译文：此保修书仅限原主使用，不可转让。

图4-10 产品说明书翻译实例（2）

原文是产品说明书或保证书中经常出现的一句话，语气强烈，具有不可逆性，因此翻译时为了很好地保留这一特点，可采用直译的方法，将"is limited to"译为"仅限"，"Non-transferable"译为"不可转让"，与原文的内容和风格均保持一致。

（二）意译

1. 增译法

由于产品说明书属于应用性文本，实用性较强，为了使读者更好地获取信息，译者在翻译时往往借助增译法来实现原文的预期目的。图4-11是其实例。

原文：If there's no traffic within sight ahead, watch out, because you could be next.

译文1：如果您看过去前方没有车流，请注意，因为您可能就是下一个。

译文2：如果您看过去前方没有车流，请注意，因为您可能就是下一个被侦测的对象。

图4-11 产品说明书翻译实例（3）

原文中"you could be next"的语义非常清楚，即译文 1 所译的"您可能是下一个"的意思，但读者读到这时可能会产生疑惑，下一个什么？因此，译者可结合上下文语境对其进行增译，将"next"译为"下一个被侦测的对象"，这样一来，读者便可轻松掌握原文的含义。

2. 语序调整法

作为一种翻译方法，语序调整法的意思是按照目的语的用法和习惯，将句子的语序做必要的调整，这种调整有时是必不可少的。英语属于综合性的树状语言，各成分的位置非常灵活；汉语属于分析型的流水式语言，语序很少变动。此外，语序调整法还常用来表示强调某一句子成分，因此译者在翻译时必须灵活处理。图 4-12 是其实例。

原文：The key thing to remember about non-radar alarms on X band is this.

译文：关于X频带上的非雷达警报，您尤其需要注意。

图4-12 产品说明书翻译实例（4）

中西方不仅在文化、意识形态方面存在诸多差异，在思维方式方面也有很大不同。英文往往遵从由大到小的思维习惯，因而表示强调的东西一般会放在句子开头，而中文则相反，通常是由小到大，因此在英译汉时必须充分考虑汉语受众的思维方式和接受习惯。原文中"about non-radar alarms on X band"这个介宾短语作为插入语修饰主语，英文中习惯将插入语放在句中，而在中文表达中，若将该插入语放在句中会使句子太长而影响理解，因此，译者在翻译该句时对语序进行了调整，按照中文逻辑习惯，把强调的重点放在句子开头。

第四节　基于功能翻译理论的现代旅游公示语翻译

一、旅游公示语的概念及特点

旅游公示语是公示语的重要组成部分，主要指的是旅游景区公开和面对旅游者的告示、指示、提示、警示等文字及图形信息。旅游景区公示语主要以向包括外国游客在内的旅游者传递信息为目的。它是旅游景点管理机构与游客进行沟通的重要手段与渠道。旅游公示语除了具有一般公示语的特征，还具有自己的特点。

第一，具有地方文化特色。文化是旅游的灵魂，而旅游是文化的感悟。旅游业具有鲜明的时代感、民族性、文化色彩和地域特征。旅游公示语与旅游业联系紧密，也有与之相应的个性文化特点。旅游公示语所涉及的知识面覆盖极广，具体内容包括路标指示、游客须知、游览示意图、服务承诺、服务设施介绍、景点介绍等。旅游公示语主要有四个功能：给游客指明方向；提示或警示游客的行动；告知游客景区的相关规则；向游客介绍具体景点的历史文化。其中，文化是旅游公示语的核心，传递文化信息是公示语的主要功能。

第二，用词简洁、精确，尽可能地使用省略语或缩略语。旅游公示语需要在有限的篇幅内阐明核心内容，因此要尽可能地使用实词，删去不必要的其他词汇。国际通用或约定俗成的缩略语是旅游公示语不可或缺的重要内容，如 PO（"post office"邮局）、GYM（"gymnasium"体育馆）等。

第三，表达形式多样。为了突出景点的悠久历史与传统文化，汉语介绍中往往引经据典，多有诗歌、对联及四字句等，因此，修辞上多讲究音韵、对仗、排比、隐喻、引申等，这些都是翻译的难点。相对于其他场合的公示语，旅游公示语英译的文字表达多样化，归纳起来基本有下列四种类型：单个的词或词组，如"Black Bamboo"（紫竹院）、"Flying Dragon"（巨龙在天）；祈使句，如"Please use the nearest fire export"（请用最近的紧急出口）；对称的句式，如 "Visit the places of interest; Do as a civilized tourist"（赏名胜古迹，做文明游客）；篇章，如 "Scarab toward Tariones"（金龟朝北斗）的景点解说词：此巧石为九华山钾长花岗岩中节理发育，系节理面风化剥烛形成的象形石，似神龟翘首仰望北斗星辰（Joints are developed in moyite of Jinhua Moutain. The rock is a heirographen weathered and eroded along the joint faces and it looks like a scab that is looking up to the Triones）。

另外，为了吸引人们的注意，使其留下深刻的印象，以及为了节省游客的时间，公示语通常配有醒目的、栩栩如生的图片。有时以图片为主，公示语文字往往只是对图片的进一步补充，但有时仅有图片就可以表达所需的内容。

二、功能翻译理论指导下旅游公示语的翻译策略

公示语汉译英的目的是向外国游客提供足够的信息和服务。根据目的论，公示语汉译英时应该以原语文本预期功能和目的语受众理解为指导，翻译中应注重信息的传递，而不是文本的转换。双语的表达不仅要考虑到原语文化的读者，还要考虑到目的语文化的读者，即要求目标语文本不仅忠实于原语文本，还应该看此文本是否能达到预期的功能或者能否激起目标语读者对旅游景点的兴趣。只有达到了目的语的预期功能，翻译的目标才能实现。

（一）归化

归化即要把原语本土化，以目标语或译文读者为归宿，采取目标语读者习惯的表达方式来传达原文的内容。归化翻译要求译者向目的语读者靠拢，要求译者必须像目的语读者那样说话。原作者要想和读者直接对话，译作必须变成地道的目的语语言文本。归化翻译有助于读者更好地理解译文，增强译文的可读性和欣赏性。旅游公示语中存在告示性公示语，这类公示语的目的是向外国游客传达具体景点的位置及注意事项，所以一般用归化法。图4-13是其实例。

原文：风光无限好，观景需小心。
译文：The landscape is beautiful, but cautions when sightseeing.

图 4-13　旅游公示语翻译实例（1）

原文是两个词组，但译文采取英文句式，强调观景时要注意安全，重点突出，起到警示作用。

另外，旅游公示语中还包含一些描述山水地貌的解释性公示语。此类公示语多是对地理概况的介绍，涉及很多专业知识，行文上要注重逻辑上的连贯及表达上的清晰与畅达，尽量突出客观性和准确性。译文的受众多是英语读者，而英语有其严格的语法和显性衔接的特征，所以此类公示语采用归化法更容易被游客理解。

（二）异化

异化即以目的语文化为归宿，在翻译上采取与作者所使用的原语表达方式相对应的方式来传达原文的内容。使用异化策略的目的在于考虑民族文化的差异性，保存和反映相对于读者而言的异域民族特征和语言风格特色，为译文读者保留异国情调。

公示语的翻译是为了方便那些国际人士在中国能够得到足够的提示、警示等信息，并不是说他们完全无法理解或接受目的语的文化。公示语作为一种深入日常生活中的文化信息，能够在不同民族、文化间交流，而且本身也是一种文化行为。文化交流是以"同"为基础，以吸收"异"为目的。那种过滤掉文化差异的、透明的公示语翻译，似乎没有起到文化传播与交流的使用，所以翻译那些反映中国特定文化内涵的公示语，没有必要强行使用透明化的翻译。

许多旅游景点名称中含有文化背景、典故、诗歌和对联等，这也是旅游公示语文化的内核。这类公示语不仅要让外国游客读懂、看懂，从中获取相关的自然地理、文化风俗方面的知识，同时要加深外国游客对中国文化的了解和喜爱。也就是说，公示语除了信息传递的功能，还具有文化传播的功能。形式是为内容服务的，一定的形式表达一定的内容。如果一味地采取以译语为归宿的归化译法，可能无法准确传达原文的意思，而采取原语的表达方式，往往能够更加准确、更加充分地传达原文的意思。图 4-14 是其实例。

> 原文：此地有崇山峻岭，茂林修竹；又有清流急湍，映带左右。
> 译文：In the background lie high peaks and deep forests, while a a clear, gurgling brook catches the light to the right and to the left .

图 4-14 旅游公示语翻译实例（2）

（三）求美

旅游公示语是旅游资源的重要组成部分，发挥传递旅游信息和阐释当地特色文化的作用。游客在欣赏山川美景的同时，借助公示语可以感受当地的人文气息。好的公示语不仅能让游客体验到文字上的审美享受，而且会激发他们对当地文化研究的好奇心，从而起到宣扬文化的作用。因此，要想发挥公示语的审美功能，旅游公示语的英译必须做到以下三点。

1. 语言表达规范

这是公示语英译最基本的要求。不规范的公示语会给访客留下主管部门敷衍了事、翻译人员的翻译水平低下的坏印象。

2. 声韵使用恰当

由于时间和空间的限制，公示语一般短小精悍、文字精练。简洁美是不言自明的，公示语英译既完美地再现了原文的资讯，又能使读者以最小的努力获得与原文的最佳关联，产生大致相同的审美效果。由此可见，公示语的翻译既强调真中见美，又追求表达的简洁之美。

公示语的音韵美就在于其语言节奏明快，发音响亮，音韵和谐与流畅。公示语名称应具有好读、好听、好记的特点，因而公示语译名也应具有好读、好听、好记的特点，好读、好听就是朗朗上口。就像女性除了服饰要美，声音也要美一样，公示语具有音律美才别有一番风味。图4-15是其实例。

原文：赏名胜古迹，做文明游客。
译文：Visit the places of interest; Do as a civilized tourist.

图4-15　旅游公示语实例（3）

译文虽然有点瑕疵，但整体表达利用尾韵，读起来朗朗上口，避免了口气生硬的毛病。

因此，简短的公示语读起来富有节奏和韵律，给人以余音绕梁之感，从而引起受众的注意和兴趣，并有效起到公示作用。

3. 措辞选取得体

意境是被形象化的境界和情调，能让人产生美妙的遐想。公示语讲究意境，且意境的强弱直接影响到它的作用及效果。体现了意境美的公示语具有重要的作用，不仅能增添超凡脱俗的艺术品位，还能激发读者的想象，让读者置身于精彩、美妙的意境中，更能给读者带来一种独特的感受，如清新、浪漫、含蓄。例如：

不恰当英译：将"钓月"译为"Diaoyue"。

杏花村中有个大湖，湖边有一亭，取名"钓月"。月下垂钓，指一种隐逸生活，有很多诗人描写过这一景点。例如，唐代朱可名的《应举日寄兄弟》："不是烧金手，徒抛钓月船。"宋文莹的《玉壶清话》卷七："渭川凝碧，早抛钓月之流；商岭排青，不逐眠云之侣。"这个景点的名称反映出当时文人聚会时对月饮酒作诗的浪漫情怀，而音译使得意境无法表达，所以可采取意译，建议译成"Fishing in the moonlight"。

作为汉英公示语一部分的旅游公示语是一种实用文体，是景区常见的文字交际手段。翻译旅游公示语的目的是介绍旅游景点的特色和内容，以期达到吸引游客、增加旅游经济效益的目的。然而，旅游公示语存在大量的中西文化背景、思维方式、表达习惯等方面的差异，所以原语作者意图及语篇形式与译语文化读者之间必然存在一定距离，对此，要求译者在翻译过程中只需保证原语与译语在目的和功能方面的对应即可，而非要保持文本之间的对等。因为如果译者一味地坚持原文的内容和形式，译文可能无法产生预期效应，进而导致该公示语译文的交际功能无法正确地在游客旅游途中实现。

目的论为旅游景区公示语的翻译提供了一定的指导意义，即在翻译旅游公示语时，译者可以根据译文预期的交际功能，为适应新的交际环境，结合译文读者的社会文化背景知识、对译文的期待及交际需求等，采取符合翻译目的的具体翻译策略和手法。

第五节　基于功能翻译理论的英语新闻翻译

一、英语新闻的语言特点

新闻语言是指新闻报道的语言。新闻作为一种特殊的应用文体，肩负着向读者传递准确的消息，并且能够吸引读者注意的重任。新闻语言的这些特殊功能及本质特征，决定了新闻语言具有具体、准确、简明、通俗等特征：

具体是指新闻报道的六要素，即何时、何地、何人、何事、如何、为何都必须在新闻中有具体的交代，虚假不得；准确是新闻语言的核心，它要求新闻必须真实、准确地反映客观事实；简明是指新闻的语言必须简洁明了，避免繁杂啰唆；通俗是指新闻语言必须大众化、通俗化，尽量避免专业术语的出现，并且充分利用大众语言。

（一）词汇方面

首先，新闻报道具有极强的时效性，并且受到版面限制，这就要求新闻的篇幅短小、语言简明。因此。英语新闻的简洁明了的特点体现在词汇的选择上，常使用缩略词和小词，同时经常自创一些新词，如常用"aids"代替"assistance"，"cut"代替"reduce"，"bid"代替"proposal"，"eye"代替"watch""observe"等，以此来缩小版面、简化语言。

其次，新闻读者范围广泛，文化水平也高低不同，因此要求记者尽量使用大众语言，其中常用的手段之一就是借用，即借用各个领域大家都熟知的词语来表达自己的意思。最普遍的借用现象就是经常借用各国首都等地名、著名建筑名词以及政府首脑姓名来代替该国或其政府及其有关机构。例如，"Hollywood"（好莱坞）指代美国电影业等。

最后，从修辞的角度来看，英语语言呈静态，而汉语语言呈动态，即英语用动名词或者一些具有动词意义的介词等来代替动词，而汉语有多用动词的习惯。这具体体现在以下两方面：其一，英语中的许多动词可以被名词化，因此用名词的情况较为普遍；其二，英语中某些介词含有动态和动作的意义。我们在做英译汉的处理时，常常将介词及介词词组动词化，即用汉语中对应的动词译出。新闻英语亦如此，这种情况在新闻的标题中较为常见。

（二）句法层面

英语新闻中的句子信息量大、结构紧凑，因此语法结构比较复杂，常常采用一些关系代词、关系副词及连词来引导从句和并列复合句。另外，因为英语的造句心理趋于复合，所以英语的词组与词组、句子与句子之间的逻辑结构关系必须交代清楚。英语里有丰富的关系词及连接词，而它正是靠这类词的过渡和连接，从形式上来维持句内和句间的各种关系。当然，在有些情况下，英语句子不是通过连接词作为纽带直接表现出来的，而是通过句子与句子之间的内在逻辑关系间接地表现出来。英语句子多长句、难句和复合句，而且插入语也比较多，而与之相反的是汉语句子一般简短，呈线型发展，多短句。根据此特点，英译汉时常常要重组英语结构，化英语长句为汉语的短句，不可拘泥于原文的层次结构。当然，英语新闻在句法上还有其他的特点，而本节内容重点分析新闻中结构复杂句子的汉译。

二、新闻翻译的特点

新闻翻译是把用一种文字写成的新闻用另一种语言表达出来，经过二次传播，使得译语读者能够接受和理解。新闻翻译能使懂某一种语言的读者获悉用其他语言采集和报道的新闻，因此，新闻翻译能够帮助广大读者扩大视听范围，更多地获取信息，提高信息质量，提高分析形势、分析问题和解决问题的能力，更好地参与国家和社会事务的管理。

新闻翻译不同于文学翻译，一个重要原因在于运用于新闻作品和文学作品的语言之间存在差异。文学作品重在塑造艺术形象，而新闻语言在于传播新闻事实。一般说来，新闻翻译具有以下特点。

1. 时效高

新闻报道属记叙文体，用来快速传递信息，报道近来发生的事件。现实性、真实性、实效性是新闻报道的基准。因此，新闻翻译不可能像文学翻译那样字斟句酌、精雕细刻，而是必须高速进行、速战速决，及时报道给译语读者群，但也必须保证质量。

2. 力求准确

新闻本身就要求必须及时、准确地报道某一事件，排除个人感情和倾向性，使用平易的语言。在进行新闻翻译时，译者也应力求用平实、准确的语言。另外，新闻翻译的政治性很强，这就要求译文要特别准确，如果译得不准确，往往会造成不良的政治影响。新闻报道涉及社会政治生活、金融商业活动、科技发展、外交活动、文化体育动态等方方面面的最新进展，所以新闻语言用词范围广，新词、新语层出不穷。在翻译时必然会碰到词语不熟的问题，译者应该特别谨慎，通过种种途径准确地译出各行各业的词语。

3. 根据具体情况可做适当改动

新闻翻译的目的是让新闻能为译语读者群所接受，例如，把英语新闻译成汉语，使中文读者能够接受。而原语读者群和译语读者群往往是不相同的群体，对很多背景知识的掌握也不一样。此外，中、英文在表达方式和习惯上还有很多差异。因此，与文学翻译、科技翻译不同，在新闻翻译中，翻译人员可根据具体需要对内容进行必要的、适当的增减。

4. 符合新闻写作要求

作为一种特殊文体，新闻文体有自己的特点和要求。新闻翻译必须体现新闻写作的特点和要求。例如，新闻导语应开门见山，概括新闻的主要内容；新闻主体根据事件的重要性来安排文章结构。所以，新闻翻译中，不仅译文内容应与原文一致，还要保持大致相同的新闻文风和结构。

三、功能翻译理论在英语新闻翻译中的运用

目的性原则为目的论的首要原则。在英语新闻的汉译过程中，首先要实现的目标就是准确传达新闻信息。由于英汉语言的差异，在英语新闻的汉译过程中存在许多的困难，但只要在准确理解原文的基础上再根据英汉语言的差异，以目的论为指导，灵活采用适当的翻译方法，就能实现新闻的传递信息这一功能。

（一）目的性原则指导下的英语新闻的翻译方法

新闻的主要功能是向读者传递信息，因此，按照赖斯的文本型分类可以将新闻报道归于内容型文本。在目的论的指导下，新闻翻译的目的即其交际目的。为了实现其翻译目的，功能主义目的论者认为，可以对原文的形式及信息进行合理的整合，因此在不同的情况下可以采取不同的翻译策略。

1. 直译加注

当文章中出现一些专业性比较强，或是具有特定行业文化内容的词，需要有一定的文化知识的人才能看得懂。另外，由于新闻版面的限制，它不可能像文学作品那样采用脚注的形式，而必须将其有机地融入整篇译文之中。此时，我们可以采取直译加注的方式，将词语中隐含的意思完整地表现出来。新闻是给大众读者阅读的，因此必须与不同年龄、不同文化水平的人的阅读能力相符。图 4-16 是其实例。

原文：A ride in a London taxi from **Canary Wharf** to the Bank of England sounds like an inimitable British experience.

译文：从金丝雀码头（**伦敦重要的金融区**）乘出租车到英格兰银行，这听起来就像是在英国的一次独特的经历。

图4-16 英语新闻翻译实例（1）

此处的"Canary Wharf"是伦敦重要的金融区，这里采取直译加注的方法译成"金丝雀码头（伦敦一金融区）"。如果不加注释性词语解释它的性质，那么对金融了解不多的人只会把它当作普通的码头，这样就不利于对文章进行理解，因为文章主要讲中国资本悄然进入欧洲市场这一现象。

2. 借代法

新闻中经常借用一国的首都、总统首脑的名字来表示该国政府，还有用一些著名的地方表达某个机构等，这时我们可以采取借代翻译法，使原文形象生动的词语能被大多数译语读者准确理解。

3. 转换法

英语的语言呈静态，而汉语的语言呈动态，新闻语言亦如此。遇到具有动态意义的名词时，如果采取直译的方法而不改变其词性，那么势必会导致译文生硬拗口、晦涩难懂，不能真实地传达原文的信息。因此，在目的性原则的指导下，我们可以采取转换法，将名词及介词等动词化，以此实现信息的转换。

（二）连贯性原则指导下的英语新闻的翻译方法

连贯性原则是指翻译时必须注意译文的语内连贯，即增强可读性及读者的可接受性。笔者根据英语新闻在词汇、句法上的差异，结合不同的情况，提出以下两种翻译方法。

1. 减词法

英语是一种重形合的语言，表示各种关系的关联词在句子中起纽带作用，并且非常清楚地表明了各部分之间的关系。但在汉译过程中，如果我们一味地保留这些连接词，保留英语的形合特点，那么译文往往会生硬难懂，翻译腔十足。所以在做英语新闻汉译时，减词法是一种常用的翻译方法。

2. 拆译法

英语中大量使用关系代词插入语，使得句子结构呈树形结构发展，复杂难懂。然而，汉语句子中对这些连接词用法的态度是可用可不用的就可以将其省略。汉语不在乎形式上的紧凑联系而重视内在的逻辑关系。在遇到英语中的长难句时，我们首先可以想到使用拆译的方法来解决理解和表达的问题。

（三）忠实性原则指导下的英语新闻的翻译方法

忠实性是指译文与原文的语际连贯一致，即忠实于原文。语际连贯类似于通常所说的忠实于原文，而忠实的程度和形式由译文目的和译者对原文的理解决定。一般情况下，忠实性是指在内容、形式上对原文的忠实。

1. 直译

在忠实性原则的指导下，直译是最常见也是最重要的翻译方法。在英语句子结构及表达形式与汉语相符的情况下，可采取直译的方法。这样，译文不仅传达了原文的内容，还尽可能完整地保留了原文的风格及句子形式。这种翻译方法遵从了翻译目的论的忠实性原则，即使译文在形式和内容上完全忠实于原文，但有时也必须通过对原文的词、句进行必要的修改或转换来实现忠实。

2. 意译

当英语的框架结构及表达不符合汉语的习惯，而且通过直译无法译出让中国读者清楚明白的译文时，我们可以尝试用意译的方法，牺牲形式上的忠实而保留内容的忠实。图 4-17 是其实例。

> 原文：And Iceland, handily close to the oil-rich Arctic, is said to be surprisingly popular with visitors from China.
> 译文：据说，与石油丰富的北极圈相隔仅一步之遥的冰岛很受中国游客的喜爱，这一点很让人感到惊奇。

图 4-17 英语新闻翻译实例（2）

在这个句子中，我们将"handily close to"意译成"与……相隔一步之遥"，这样不仅在内容上忠实了原文，而且在修辞上也是与原文相符的。原文中的"handily close to"意思是"与……极近，轻易就能到达"，而我们汉语中的"一步之遥"正好与原文表达的意思相同。

　　新闻是一种较为独特的文本，在翻译目的论的指导下，译者根据其目的性原则及忠实性原则，并参照中英新闻在用词、句法上的差异，灵活采用直译、意译、减词法、拆译、转译等多种翻译方法，但是无论采取哪种翻译方法都是由新闻的目的决定的。因此，译者在翻译新闻时应该紧紧把握中英新闻的特点，用目的论做指导，准确传达新闻内容。新闻翻译工作任重道远，需要我们进行大量的实践积累，采用正确的理论指导，为我国的翻译事业作出贡献。

第五章　智能时代翻译的技术转向

第一节　翻译技术概述

一、翻译技术的内涵

在时代的发展和研究的推动下，翻译技术经历了一次又一次的变迁。那么，翻译技术到底是什么呢？翻译与计算机的关系始于机器翻译，但翻译技术真正繁荣的标志是电子词典和术语数据库的发展，以及互联网和计算机辅助翻译工具的出现。在解读翻译技术内涵时，国内外学者主要从机器翻译和计算机辅助翻译等角度进行阐释。

哈钦斯和索莫斯认为，机器翻译就是几乎无人工参与，完全由机器独立完成的高质量翻译。波克认为，翻译技术是指人工翻译、机器翻译和计算机辅助翻译中使用的各种技术，包括基本计算机工具和专业翻译工具。机器翻译与计算机辅助翻译的区别在于翻译任务中谁起到主要作用。夸尔认为，机器辅助翻译（MAT）与计算机辅助翻译（CAT）无明显差别，MAT 应用于工具开发领域，CAT 应用于翻译研究及本地化领域，应包括翻译工具、语言工具及翻译记忆系统、电子词典和语料库检索工具等。陈善伟认为，翻译科技为翻译研究的一部分，专门研究翻译电脑化所涉及的问题与技巧。冯志伟认为，机器翻译（MT）是使用电子计算机把原语言翻译成目标语言。徐彬、钱多秀、张霄军等学者都认为，CAT 技术有广义和狭义之分。徐彬和钱多秀认为，广义的 CAT 涵盖所有能够在翻译过程中提供辅助支持的软、硬件技术，而狭义的 CAT 是指专门为提高翻译效率、优化翻译流程而设计的辅助翻译软件。张霄军等学者认为，广义的 CAT 指在语言和翻译文化交流中能够提高效率的电子工具，而狭义的 CAT 指利用翻译记忆技术提高翻译工作效率的系统。

从国内外学者对机器翻译和计算机辅助翻译的内涵解读中可知，机器翻译是由计算机独自完成原语言与目标语言之间的转换，而计算机辅助翻译则是由人作为翻译的能动者，利用多种技术与工具完成语言间转换的过程。随着时代的发展，上述两种范畴已经无法全部涵盖翻译技术的内涵。笔者尝试在前人的基础上对翻译技术内涵进行更加具体、深入解读：翻译技术是指翻译服务人员在翻译过程中综合应用的各种技术，包括译前的格式转换、资源提取、字数统计、重复率分析、任务分析、术语提取、重复片段抽取技术、预翻译技术等，译中的辅助拼写、辅助输入、电子词典和平行语料库查询及验证、翻译记忆匹配、术语识别等，译后的质量检查、翻译格式转换、译后排版、翻译产品语言测试及语言资产管理技术等。这些技术基本涵盖翻译服务人员在翻译过程中可能用到的技术。

二、翻译技术的分类

翻译技术的分类方法因其分类标准而不同，可依照翻译自动化程度、翻译流程、翻译技术功能、翻译过程等进行分类。

哈钦斯和索莫斯基于翻译自动化的程度，将翻译技术分为全自动高质量机器翻译、人工辅助机器翻译、机器辅助人工翻译和人工翻译。在该分类标准下，机器自动化程度依次降低，人工参与度依次升高。波克将翻译技术分为三类：人工翻译、计算机辅助翻译和机器翻译。人工翻译包括文字处理、拼写与语法检查、电子资源（光盘）和互联网等翻译技术与工具；计算机辅助翻译技术包括数据获取、语料库分析、术语管理、翻译记忆、本地化与网页翻译和诊断评估等；机器翻译主要为机器翻译系统。

梅尔拜按照译前、译中和译后的翻译流程，从术语层和语段层将主要的翻译技术分为八类。术语层技术分为四类，包括备选术语提取（译前）、术语研究（译前）、自动术语查询（译中）、术语一致性检查和非允许术语检查（译后）；语段层技术分为四类，包括新文本分割和原文本双语文本对齐与索引（译前）、翻译记忆查询（译中）、机器翻译（译中）、丢失片段检查及格式语法检查（译后）。王华树对各种翻译技术分类时，结合翻译流程中的主要阶段（如图5-1），在梅尔拜的基本术语层和语段层的基础上，增加了伪翻译、预翻译、译后编辑、本地化排版、本地化测试、语言资产维护等技术。

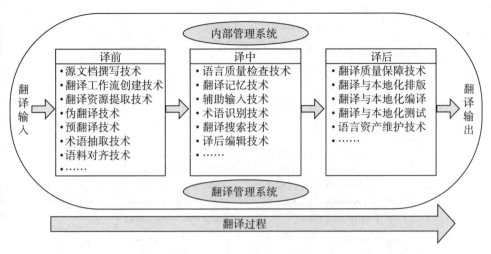

图 5-1　翻译过程与翻译技术

　　阿尔斯娜按译者使用的工具和可利用的资源将翻译技术分为五类：计算机设备、交流及文件传输工具、文字编辑与桌面排版、语言工具与资源、翻译工具。计算机设备是指运行系统、各种数据输入与输出的技术支持、外设和基本软件等；交流及文件传输工具是指译者与客户沟通所使用的电脑和在线工具，以及获取信息的各种网站及服务终端；文字编辑与桌面排版包括用来撰写、编辑、修改的文字处理器；语言工具与资源是指收集语言及数据的技术工具和信息来源。翻译工具主要是翻译软件，通常指协助翻译人员进行翻译工作的软件包，包括：文字处理组件、光学字符识别（OCR）软件、本地化软件、个人术语管理系统、文档数据库、计数器、拼写检查工具、搜索工具、翻译对比工具等。克瑞斯森等人认为，翻译技术主要包括阿尔斯娜提到的交流及文件传输工具、语言工具与资源、翻译工具。还有学者依照不同的翻译技术功能，将翻译技术归类为内容管理系统、写作技术、桌面排版、文字处理软件、翻译管理系统、翻译记忆工具和计算机辅助翻译、质量保证工具、双语编辑工具、本地化工具、机器翻译、术语管理系统、项目管理软件、语音文本识别软件等翻译技术。

　　奥斯特穆尔基于霍姆斯的翻译过程模型，在接受（reception）、转化（transfer）和重构（formulation）三个阶段引入翻译技术（如图 5-2），如机器翻译、术语技术、电子词典技术、知识库、语料库和文件管理等，将翻译技术与翻译过程有机结合。

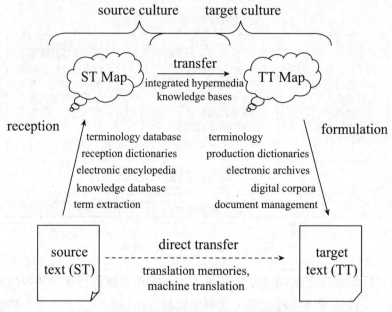

图 5-2　引入翻译技术的霍姆斯的翻译过程

　　纵观翻译技术的分类，可知翻译技术发展与认识不断深化，从最初在文本翻译过程（译前、译中和译后）中探讨翻译记忆、术语技术和语料库技术等，到翻译项目、本地化、语言服务等概念出现，新的技术接续出现，技术的分类趋向于依照功能和项目流程划分，且范畴更加宽泛。

三、翻译技术的本质属性

　　在《现代汉语词典（第 7 版）》中，翻译是指把一种语言文字的意义用另一种语言文字表达出来（也指方言与民族共同语、方言与方言、古代语与现代语之间一种用另一种表达）；把代表语言文字的符号或数码用语言文字表达出来。《牛津在线学习者词典》中将 "translation" 定义为 "the process of changing something that is written or spoken into another language"（把一种书面或口头的语言转换成另一种语言的过程）。从辩证唯物主义角度来看，技术在本质上揭示出人对自然的实践关系，工艺学揭示出人对自然的能动关系，人的生活的直接生产过程，以及人的社会生活过程和由此产生的精神观念的直接生产过程。从上述对翻译和技术的解释中可以发现，翻译与技术之间存在着相似的社会属性与自然属性。翻译的社会属性主要体现在翻译动作的发出者即人（翻译主体）根据客观需求对翻译的动作承受者即翻译任务（翻译客体）进行能动性改造，因此两者的社会属性都主要体现在人对客观存在的能动性改造。翻译与技术相似的自然属性在于两者本身都在不断变化与延伸。技术的变化是不言而喻的。在翻译中，翻译主体、翻译过程和翻译客体随着社会进步、语言发展都在不断进行变化与拓展，如翻译客体从传统的文本翻译拓展到视频翻译、本地化翻译等。

相似的社会属性和自然属性让翻译与技术结合成为可能，而结合后的翻译技术同样具备社会属性和自然属性。在翻译过程中，技术本身和承载技术的软件和硬件都是翻译技术系统中实体要素的表现形式，是完成翻译任务必不可少或相辅相成的工具及手段，这些都体现了翻译技术的自然属性。翻译技术辅助翻译主体能动地改造翻译客体，有机地将翻译主体与翻译客体进行匹配，辅助翻译主体优化翻译过程，一方面揭示出翻译技术与翻译主体之间的投射性、交互性、工具性关系，另一方面体现了翻译技术对翻译客体、翻译流程之间的间接改造关系，这些都体现了翻译技术的社会属性。

翻译技术并不是孤立于其他翻译要素而独立存在的，其自然属性与社会属性揭示出翻译技术实质上是智力要素、实体要素和协作要素的有机统一。翻译主体的能力及其计算机化或人工智能化的表征构成翻译技术的智力要素；完成或者辅助完成翻译任务所需的工具、设备等构成翻译技术的实体要素；有效配置前两个要素进行交互作用，从而完成翻译任务的方式、状态、规则等程序性知识和认知协调能力构成翻译技术的协作要素。上述三个要素相辅相成，使翻译主体、翻译客体、翻译流程与翻译技术有机结合，构成不可分割的整体，可以说是一个完整的系统。

四、翻译技术的系统构成

理论生物学家贝塔朗菲认为，系统是相互作用的多元素的复合体，系统要素之间相互关联，构成了一个统一的整体，并且任何事物都可视为一个系统，每个系统都由一系列子系统构成，各子系统之间相互作用、相互影响。

随着社会对专门语言服务需求的增多，现代语言服务从传统的口、笔译服务延伸到机器翻译、译后编辑、本地化工程、技术写作、多语文档排版、本地化测试、本地化项目管理、情报编译、本地化与国际化教育、研究、培训和咨询等内容。不同的业务类型不仅需要在特定的流程中使用多种技术与工具，而且需要它们共同发挥作用。因此，技术和工具可以视为技术系统中的组成要素，要按照翻译项目类型和项目需求，动态地融合在翻译活动中。技术的功用不尽相同，在翻译过程中相互联系、相互影响，共同为完成翻译活动而服务，由此形成了一个动态的翻译技术系统。

王华树根据系统要素与翻译本身的远近关系，将翻译过程中的各种技术划分为核心技术、关联技术和基础技术（或支撑技术）。每种技术在翻译活动中既独立发挥作用（如图 5-3），又为实现翻译目标发挥整体功效。

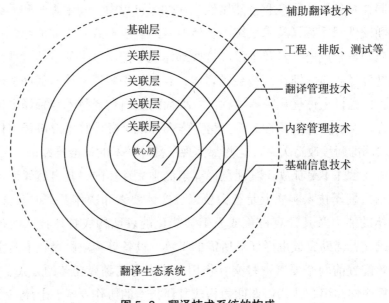

图 5-3　翻译技术系统的构成

核心技术、关联技术和基础技术（或支撑技术）等子系统共同组成翻译技术系统。翻译是翻译活动的核心内容，因此整个翻译过程围绕翻译产品（或服务）的语言转换任务而展开。直接实现翻译转换的技术是此系统中的核心技术，即核心要素，这是决定翻译技术性质的根本要素。如果此种要素缺失，那么整个翻译技术系统之间的结构就会瓦解，翻译技术系统便无从谈起。具体来说，辅助翻译技术是与翻译直接相关的核心技术。与核心技术联系紧密的是翻译工程、排版、测试和管理等技术，可统称为关联技术。工程技术在翻译和本地化流程中处于翻译之前和之后这两个环节，为核心翻译技术提供支持和保障，为翻译的实现提供先决条件和后置条件，并在翻译过程中与其他技术相互作用。翻译测试和翻译排版等技术在翻译过程的不同环节和不同层面为翻译提供技术支持。翻译管理技术贯穿翻译流程始终，既关照某个翻译流程的细节（如译前的术语管理），又起到统摄全局的作用（如翻译全局的术语管理）。内容管理技术为翻译内容的创建、存储、提取和优化做基础性、全局性的准备，属于更为宏观的子系统。基础信息技术是指在翻译活动中提供底层基础技术支持的信息技术，如编码转换、文字处理、语料处理、文档转换、通信技术、互联网、数据库及其他电子资源等，在翻译技术系统中属于技术子系统，在功能上发挥基础支撑作用。由此，从基础层次到关联层次再到核心层次，上述技术在翻译活动过程中形成了相对完整的翻译技术系统。

第二节　机器翻译与人工翻译的发展、区别及未来关系

机器翻译，又称计算机翻译，是指利用计算机将一种语言符号转换成另一种语言符号。近年来，自然语言技术取得快速发展，一系列机器翻译系统相继研发出来并得到广泛应用。2006 年，Google（谷歌）公司开始研发机器翻译系统，并最终推出 Google 翻译系统。2011 年，百度公司推出能够支持27 种语言互译的百度机器翻译系统。这些机器翻译系统愈来愈广泛地应用于日常工作与生活中，翻译的质量也越来越高。许多学者据此以为机器翻译将最终取代人工翻译，人工翻译将不复存在。然而，机器翻译的特征是什么？机器翻译与人工翻译之间是矛盾和排斥的关系，还是相辅相成、相互促进的关系？未来人工翻译会被机器翻译取而代之吗？为此，本节将在分析机器翻译发展历程的基础上，探讨机器翻译的主要特征及其与人工翻译之间的关系，并试图对以上问题做出回答。

一、机器翻译的发展及特征

（一）机器翻译的发展

机器翻译始于 20 世纪 30 年代，迄今为止已有近 90 年的发展历史。20世纪 30 年代初，法国科学家 G. B. 阿尔楚尼提出了用机器来进行翻译的想法。1933 年，法国人乔治·阿苏尼和俄国人彼得斯米尔诺夫·特罗扬斯基以机器翻译为内容申请了专利。但是，该时期的机器翻译只是采用机械装置进行词

汇层面的翻译。1947年，沃伦·韦弗提出利用计算机进行翻译。之后，随着计算机技术的快速发展，学界便开始研究如何利用计算机进行翻译。

总体而言，机器翻译主要分为四个阶段，即基于规则的机器翻译、基于统计的机器翻译、基于实例的机器翻译和基于不同方法应用的机器翻译。

基于规则的机器翻译以原语的分析规则、原语器和目的语之间的转换规则以及目的语语言的生成规则为基础。这些规则涉及词汇、语法、语义等语言层面。自20世纪50年代以来，基于规则的机器翻译一直是机器翻译的主要形式。采用基于规则的机器翻译方法，机器可以根据原语的分析规则理解原语语言，并依据原语与目的语之间的转换规则和目的语语言的生成规则，将原语语言自动转换成目的语语言。基于规则的机器翻译的核心在于这些规则的描写和构建，其成功与否及其翻译质量的高低直接取决于这些规则描写的广度、深度及其适用性。然而，要提出能够描写所有语言现象的规则并非易事，而且不同规则之间往往存在重叠与矛盾。从这个意义上讲，基于规则的机器翻译存在着不可克服的局限性，其翻译质量往往不尽如人意。

基于统计的机器翻译是指机器依据基于大量平行语料分析所构建的统计翻译模型进行翻译。该方法的理论基础是任何一个目的语语言句子都可能是任何一个原语句子的译文，只是概率不同。机器翻译的任务就是通过原文的模型建构将原文转换为译文。基于统计的机器翻译主要涉及模型问题、训练问题和解码问题。模型问题指建立关于原语句子转换为目的语句子的翻译概率模型。训练问题指利用语料库获取翻译概率模型的所有参数。解码问题指在已知模型和参数的基础上，查找并确定原语语句概率最大的译文。早在1949年，沃伦·韦弗便提出使用基于统计的机器翻译方法，只是由于以乔姆斯基为代表的转换生成学派对于基于经验主义的统计方法的质疑，加上当时的计算机速度无法满足统计的需求，基于统计的机器翻译未曾得到足够的关注。基于统计的机器翻译最早以词为基础，后来过渡到以短语为基础，并逐渐融入句法信息，使翻译质量获得了较大幅度的提高。但是，基于统计的机器翻译需要大规模的双语语料，而这些语料的选择和处理耗时、耗力。因此，通用领域的机器翻译系统很少以统计方法为主。总体而言，能否成功研发基于统计的机器翻译系统取决于大规模的双语对齐语料库建设和准确的参数估计，其翻译质量很大程度上取决于语言模型和翻译模型。此外，双语平行语料库收录的译文质量和可靠的搜索算法也会对机器翻译质量产生影响。

基于实例的机器翻译的基本原理是依据此类原则，从已有的原语句库中挑选出与待译语句最相似的语句，之后提取与该语句对应的目的语语句，并进行适当改造，从而得出待译语句的译文；如果待译文本与语料库现有文本完全一致，可以直接获得高质量的译文。如果待译文本与语料库现有文本十分相似，可通过类比推理，并对翻译结果进行少量的修改，从而获得近似的翻译结果。此外，有必要指出，双语对齐语料库的规模越大，待译语句与现有语句的匹配概率越大，基于实例的机器翻译质量就越高。但是，由于需要大规模的双语对齐语料库建设难度大，而且不大多见，基于实例的机器翻译在翻译通用文献时往往很难取得较高的匹配率，但在翻译专业文献时却能够取得较好的翻译效果。

基于不同方法应用的机器翻译是指在分析以上机器翻译方法的优势和劣势的基础上，综合运用这些方法开展机器翻译。相比较而言，基于规则的机器翻译方法可以较为准确地描述语言特征与语言应用的规律，但无法保证所描写的规则能够覆盖所有的语言现象。基于统计方法和基于实例方法的机器翻译质量可能会高于基于规则方法的机器翻译质量，但这两种方法的应用均以大规模双语对齐语料库的构建为前提条件，而这些语料库的建设相当困难。另外，语料库的标注体系和语料库的数据等方面也存在问题。为此，近年来，学界开始将以上方法有机结合起来，充分发挥这些方法的优点，以生成高质量的译文。具体而言，使用基于规则的机器翻译方法时，可利用语料库的技术优势，采用统计学和机器学习技术解决基于规则的机器翻译所不能解决的问题。一般来说，基于规则的机器翻译方法应用于原语文本的语言分析，而基于统计和基于实例的机器翻译方法用于语言资料的自动获取和处理。

（二）机器翻译的特征

1. 自动化

机器翻译的自动化特征是指计算机依据原语和目的语及其相互之间转换的规则，统计翻译模型或待译语句和现有语句的匹配关系，将原语文本自动转换成目的语文本。一方面，机器翻译可以在短时间内对大量原语文本进行翻译处理，其翻译的速度以及一次性处理的文本数量远远超过人工翻译。根据相关研究，机器翻译的速度是人工翻译速度的 5～6 倍。另一方面，机器翻译的实施可以不受工作时间的限制。只要有电脑和机器翻译系统，便可连续开展机器翻译，短则几分钟，长则几十个小时。此外，机器翻译系统具有记忆功能。如果待译文本与已有文本高度一致，已有文本的译文会作为待译文本的译文被自动提取。

2. 机械性

根据韩礼德的系统功能语言学，语言一般表达概念意义、语篇意义和人际意义。目前，机器翻译只能翻译原语文本的概念意义和语篇意义，而在再现人际意义方面不尽如人意。众所周知，机器翻译所依赖的双语转换规则或翻译模型往往只涉及不同语言词汇或句式结构在概念意义或语篇意义层面的对应关系，很少涉及人际意义层面的对应关系。人际意义通常包括主观判律，但无法保证所描写的规则系统能够覆盖所有的价值取向和情感态度等因素。这些因素具有较强的主观性，往往会因人、因时、因地而异，故而很难确定不同语言在人际意义方面的对应关系。因而，无论采用何种方法，机器翻译均难以识别并再现原语文本的语气和情感。蒋跃对机器翻译和人工翻译文本中感叹句和疑问句的应用进行了比较分析，发现人工翻译比机器翻译更能识别原作的语气和情感，而机器翻译在情感表达方面明显存在欠缺，情感表达不够丰富。

还应指出，机器翻译一般注重目的语与原语之间的形式和字面意义或浅层意义的对应，忽略词汇所表达的深层意义或语用含义的分析，结果导致机器翻译不能准确理解并再现原语文本中的成语、俚语、格言、惯用法、名言，以及一些语句的语用内涵。机器翻译通常采用直译的方法翻译这些词语或语句的字面意义。例如，机器翻译系统一般将"你吃了吗？"译作其字面意义，即"Have you eaten？"然而，该句的语用内涵是一种问候或打招呼，应译作"Hi"或"Hello"等。

3. 以句子为翻译单位

翻译单位是指原语文本在译文中具备对应语言结构的最小语言单位，或译者进行翻译时所依托的基本单位。一般而言，翻译单位可以是词语、短语、小句、句子、段落或篇章等。前面述及，机器翻译能否成功实施在很大程度上依赖于双语转换规则、翻译模型以及待译文本与现有文本的匹配性。但是，这些规则、模型和匹配性均涉及句子层面的对应关系，而与段落或篇章无关。从这个意义上讲，机器翻译以句子为基本翻译单位。实际上，句子具有明确的形态标记，即标点符号，便于计算机识别。此外，虽然句子的类型不尽相同，但句子拥有相对稳定的结构，且具有意义的相对完整性，适合作为机器翻译的单位。因而，机器翻译的翻译策略与方法的应用局限于语句层面，很少采用段落层面和语篇层面的翻译方法，如总结式翻译、提要式翻译和删译等。与之不同，人工翻译的翻译单位会因文体的不同或译者主体性的差异而出现差异，可能是语句或句群，也可能是段落或篇章。根据翻译研究语言学学派代表人物巴尔胡达罗夫的观点，在具体翻译过程中，翻译单位是不断变化的，译者常常根据具体情况选择适当的翻译单位。

4. 二度模仿

机器翻译的二度模仿特征主要表现在机器翻译所完成的目的语文本既是原语文本的再现，又是双语对齐语料库语料所体现的双语词汇和语句对应关系的再现。该语料库是机器翻译正常进行的重要前提。受制于二度模仿这一特征，一方面，机器翻译根据待译文本与现有语料库文本的相似度或匹配度选择最佳对应译文，并将双语对齐语料库体现的翻译策略和方法移植过来。另一方面，机器翻译的翻译文本中很多词汇和语句结构都取自双语对齐语料库。因此，机器翻译的翻译文本在翻译策略、方法的应用和语言应用方面缺乏个性和创造性。还应指出，翻译是人类最复杂的实践活动，涉及的思维活动包括形象思维和抽象思维。人工智能也许未来可以拥有人类的抽象思维能力，但很难拥有包括想象和情感在内的人类形象思维能力。作为一种独特形式的人工智能，机器翻译自然也不能像人工翻译那样富于个性和创造性。

5. 语境制的有限

语境是指语言使用的环境。这一概念最早由英国人类学家 B. 马里诺夫斯基于 1923 年提出。后来，弗斯进一步发展了马里诺夫斯基的语境理论，强调情境语境包括言语交际活动的参与者、发生的活动、其他与情境相关的特征及其对言语活动的影响。韩礼德提出语域理论，认为对言语交际或语言应用产生影响的语域包括语场、语旨和语式。语场是指语言交际活动所谈论的话题。语旨是指交际双方之间的关系。语式是指言语交际的媒介是书面还是口头。语境可划分为语言语境、情境语境和文化语境。语言语境是指具体词汇、段落、篇章形成的上下文。情境语境是指与具体言语交际活动相关的实际情况，如交际活动发生的时间、地点、场所，以及交际活动参与者的表情、手势、语调和语气等。文化语境是指交际参与者所处社会的习俗、风土人情、政治信念、历史和文化等。

人们普遍认为，作为一种特殊的言语交际，人工翻译既受制于具体语言语境和情境语境，又受到文化语境的影响。语言语境决定了具体词义或语句结构的应用，而情境语境和文化语境决定了译者翻译策略和方法的应用以及译者翻译风格的形成。然而，对机器翻译产生制约作用的语境仅仅是词语或语句层面的语言语境，而与段落或篇章层面的语言语境、情境语境和文化语境无关，究其原因，主要体现在以下三方面：其一，机器翻译过程中，任何语言结构的选择以及具体翻译策略和方法的应用均以语句为单位进行，段落层面和篇章层面的语境因素很少得到关注；其二，机器翻译实践发生的具体时间、地点或其他情境因素可能会不同，但是机器翻译系统不会受到这些因素的影响，能够对机器翻译直接施加影响的只是双语对齐语料库收录的双语语料，因为机器翻译依赖的双语转换规则、翻译模型以及待译文本与现有文本的匹配率等均以这些双语语料的分析为基础；其三，任何文化语境对作为虚拟译者的机器翻译系统都不会产生影响。由此可见，机器翻译只受制于词汇和语句层面的语言语境，所承受的语境制约作用相当有限。正是由于这一特征的影响，只要原语文本相同，机器翻译系统相同，任何时间、任何地点生成的机器翻译的翻译文本都会呈现相同的形态。

二、机器翻译与人工翻译的本质区别

以机器为平台的科学技术在算法、速度、数据、记录、抗压能力等方面的能力远远超过人类。这就说明尽管当前机器翻译由于自然语言处理的难点而遇到很多障碍，但它的实践应用其实根本不受人力成本临界点（机器翻译成品所需人工润饰和审核而产生的人力成本占实际运作成本的比例）的制约。不仅如此，机器翻译在技术逻辑层面有着趋于成熟甚至圆满的趋势与能力。

业界通常认为，机器翻译没有办法像人类一样用肌肉和大脑不断地进行记忆和反馈，也无法对知识和概念进行推理，然后形成自己的知识，因而难以等同或超越人工翻译。数学家、语言学家周海中也指出，在人类尚未明了大脑是如何进行语言的模糊识别和逻辑判断的情况下，机器翻译要想达到"信、达、雅"的程度是不可能的。这一论断可能存在两个问题：第一，低估了数据对翻译质量的影响力；第二，夸大了常规翻译的复杂性与可及性。数据的规模与质量决定了机器翻译的最终效果，因而成为机器翻译系统开发的最大瓶颈。谷歌翻译技术人员弗朗茨·欧赫曾说："只要给我充分的并行语言数据，对于任何的两种语言，我都可以在几小时之内构造出一个机器翻译系统。"在欧赫的研究中，数据规模是机器翻译的核心因素。现在，人工智能可以在短时间内处理数以亿计的语料数据，语料库获取越来越方便，规模与日俱增，涵盖领域也越来越广；不同领域共享及各领域专属参数集的建立，使得数据质量越来越高。尤其重要的是，机器能够基于大量语料库进行学习而获取大量参数，大幅度降低了知识获取的复杂度。可见，随着人工智能驱动下数据规模的扩大与质量的提高，机器翻译不仅会取代那些重复性、规律性的中低端翻译工作，在这些领域取得近乎完美的效果，而且能够在需要高超创造力和想象力的文学、艺术等领域高质量地呈现意境、典故、情感、意象、修辞、语气等深层的文学性与艺术性。

即便如此，我们仍然不能断言机器翻译会完全取代人工翻译。其中的要义在哪里呢？机器翻译与人工翻译的根本区别在于两者的物理差异。前者相对于后者的人脑的缺失，或者说，人脑机能的缺失。与机器相比，人脑机能的认知智能是独一无二的，更重要的是，这种认知智能与人的社会属性——人与周围事物发生关系时表现出来的独有特性紧紧结合在一起。语言是人脑认知智能的集中表现，因而向来被认为是人与动物的根本差异，只要机器翻译不能完全获得人脑的机能，那么机器翻译系统的机制只可能是基于语言数据寻求解码中的"对等"。当前的机器翻译，即便是神经网络机器翻译利用循环神经网络（RNN）直接学习一个输入语言序列到一个输出语言序列的映射，仍然是一种"对等"属性，需要确定的对应关系。当然，在技术逻辑层面，它会随着数据质量与数量的提高而在常规翻译（译法）中取得近乎完美的实证效果，但同时它失去了翻译过程中人类译者主体性的审察、思考与选择，这是机器翻译的致命弱点——人类的模糊性、创造性，以及基于社会性的语言意图、态度等特征是动态的、变化的，因人而异，因时空而异，无法进行"计算"。正如腾讯 AI Lab（人工智能实验室）高级研究员黄国平所说："翻译的解并不唯一，始终存在人为的标准。"

三、机器翻译与人工翻译的未来关系

（一）错位竞争

可以预想，随着技术的不断进步，机器翻译会逐步取代那些程式化的、规律性的翻译工作。在中低端翻译市场，机器翻译将占据主导地位。例如，大多数的涉外场景和日常的交流沟通，以及邮件、微信、即时通信、帮助文档、用户界面、商品说明书等普通文本并不需要十分专业和精准的翻译，现在的机器翻译水平足以应对。高端的人工翻译人才仍然非常紧缺。在未来，人工翻译主要面向对翻译精度要求较严格的高端市场，如法律文书、医学专著、政治文献等专业内容，以及需要高度创造力和想象力的领域，如文学、艺术、哲学等人文方面。前者因为精度的要求，往往会失之毫厘，谬以千里，而后者需要译者的创造性，肩负起守护语言的责任。因此，在这些领域，机器翻译永远不可能取代人工翻译。在未来，人工翻译与机器翻译在目标市场的划分上会逐渐明朗。机器翻译和人工翻译将占据市场上不同的生态位置，进行错位竞争。机器翻译能够完成翻译中技能比较单一、对人的智慧需求比较少的部分，从而让人可以腾出更多的精力去从事更有意义的活动。

（二）人机交互

错位竞争是机器翻译与人工翻译发展的必然趋势，但这并不意味着这两者互不干涉，井水不犯河水，而是始终相互结合的，只不过人机交互的程度因为文本的性质、客户对翻译质量的要求而呈现差异性。据调查发现，一个金字塔形状的翻译市场正在形成，即受成本限制，只有10%的任务需要人工翻译，70%的文档需要机器翻译，而中间的20%的信息则会采取译后编辑方式进行翻译。①

基于上面的统计数据可以看出机器翻译与人工翻译在未来翻译市场中所占的比重和合作程度。不同的文本类型以及用户对文本质量需求的多样性决定了人机交互的程度。这种交互程度可分为三种情况，如下所示。

1. 机器翻译占主导

崔启亮根据文本使用目的、客户对译文的质量要求和交付时间，将译文分为参考级、常规级和出版级三大类。②对译文的质量要求最低的是参考级文本，如邮件、微信、网页、即时通信、信息检索等。根据上文，可知这种文

---

① 杜金华. 中国机器翻译研究的机遇与挑战：第八届全国机器翻译研讨会总结与展望 [J]. 中文信息学，2013（4）：1-8.

② 崔启亮，雷学发. 基于文本分层的人机交互翻译策略 [J]. 当代外语研究，2016（3）：46-52.

本类型占据 70% 的市场份额。其译文仅供参考，客户希望快速得到译文，因此对精确度的要求较低。这时可采取以机器翻译为主的翻译策略，以降低成本，提高效率，减少时间的浪费。

2. 人机合作翻译

新闻、科技、经贸、产品说明书、帮助文档、用户界面等常规级文本，其译文质量要求适中，需要采取人机合作的模式。人机合作翻译通常有两种主要模式，即译前编辑 + 机器翻译 + 译后编辑，机器翻译 + 译后编辑。译前编辑通常涉及格式的处理和语言处理两个部分，它是指在机器翻译之前对待译文本进行结构性的修改，其目的是减少语义歧义，使之符合机器翻译逻辑模式，从而提高译文准确率和可读性，减少译后编辑的工作量。无论机器多么智能，无论译者花了多长时间做译前编辑工作，未成功翻译的文本还是占有一定比例的，还需要进行译后编辑。

此外，人机结合还会用到如翻译记忆和术语库等辅助性工具。翻译记忆是将原语言和目标语言以句段为单位进行匹配，形成翻译记忆库。人工翻译后，计算机将原文和译文的翻译单位信息存储起来，再次遇到相同文本时，便会自动将翻译文本和记忆库进行匹配。术语库中大量存储着各种术语，同时能补充新的术语。这样既能保证前后术语的一致性，又能提高译者翻译的准确性和专业性。

3. 人工翻译占主导

文学艺术、科学专著、法律法规、契约合同等高质量的出版级文本，其翻译质量要求最高，因此采取人工为主的翻译策略。这时，机器翻译的干预程度最轻。文学艺术类的文本注重的是审美性、趣味性和教育性，如傅雷翻译的《约翰·克里斯多夫》影响了一代又一代人，其译文之文采和内涵发挥了至关重要的作用，这是只具备理性的机器翻译无法胜任的，像法律法规、契约合同等文本注重的是规范性和准确性。由此可见，在面对注重审美性、趣味性的文学艺术类文本和注重高度规范和准确性的法律合同等文本时，人工翻译占主导。这时，机器翻译干预程度最轻。

（三）技术和人文的融合

机器翻译的飞速发展的确给人民带来了便利，并产生了一定的经济效益，但也不能因此过分夸大机器翻译的功效。有些人夸大了技术的力量，而忽视了翻译中人文的一面。翻译活动之所以长盛不衰，是因为不同民族和国家需要文化和思想的交流，因此，片面强调科技或人文都是一种极端的做法。正确的做法是将科技与人文融合在一起，既要注重机器翻译技术的便利性，又要发挥人工译者的主体性，两者缺一不可。

人工智能再发达也只是人类开发的产品，其最终目的是为人类服务。在日益发达的信息化和专业化时代，翻译专业人士需要以积极的心态拥抱新技术、学习新技术、应用新技术，借助机器翻译技术来提高自己的翻译专业能力，把翻译做得更快、更好。翻译专业具有强烈的实践性、应用性与职业性。可以预见，未来的人工译者应该是集双语能力和计算机软件开发能力于一身的。译者应该学会使用机器翻译，加强译者自身的翻译技术应用能力，这是今后翻译的新模式。同时我们应该看到，翻译学科是一门人文学科，译者既是文化使者，又是语言的守护者。翻译不是简单的文字和语音转换，其本质是不同文化之间身心与思维的交流和传播。人际交流、文化沟通中人性的温度、厚度与纯度，人工翻译体现的技巧、创意与智慧，都是机器翻译望尘莫及的。同时，译者是语言的守护者。如果说思想家和诗人是语言的守护者，那么一位有思考力、有创造力和艺术感的译者同样担负着这个职责。将译者视为语言的守护者是对人工译者身份的肯定和认识，一方面避免了机器译文对自然语言的侵蚀，另一方面有利于人工译者主体性的发挥。机器翻译虽然顾及了信息的传递性和准确性，但是无法顾及语言的多义性、模糊性和创造性。正是语言的多义性、模糊性和创造性，使得我们赖以生存的语言富有灵性、美感和生命力。

我们承认机器翻译将会承担愈来愈多的翻译任务，并且会部分取代人工翻译，但不会完全取代人工翻译。未来的翻译职业将会处于人机共存、人机互补的时代。

第三节　智能时代的翻译人才培养：挑战与机遇

一、现行翻译专业人才培养模式及其面临的挑战

自 2006 年教育部批准设立翻译本科专业（BTI）以来，翻译专业开始蓬

勃发展。2008 年，首批 15 所翻译硕士培养院校开始招生，如今，开设翻译硕士（MTI）专业教学的学校发展到了 249 所，年招生人数由 2008 年的 350 人发展到现在每年超过 10000 人，语对也从原来的英汉为主，发展到今天的法汉、俄汉、日汉、阿汉、西汉、德汉等。[①] 翻译专业本科、硕士学位的设立和飞速发展，标志着翻译作为一个专业方向已经得到了广泛的认可。翻译自身具有的学科和职业的双重性，决定了翻译专业人才的培养与传统外语人才的培养不同，既要注重宽基础的语言和人文素养的养成，又要注重社会对翻译职业的需求。

随着经济全球化的发展，翻译的职业化程度越来越高，进而催生了职业翻译教育。职业翻译教育需要面向具体翻译工作岗位，分析具体工作岗位需要的职业能力，把握这些岗位的人才规格要求，并据此进行课程设置和课程内容的选择。

近年来，开设翻译硕士专业和本科学位教学的学校从原来的外语类专业院校和高水平综合大学，向各类高校，包括地方院校延伸，各院校办学基础、办学能力不同，师资水平和生源存在差异，因此笔者认为，可以将培养的翻译人才类型分为四种，分别是高端口笔译人才、高级翻译及研究人才、复合型翻译人才和应用型翻译人才，如表 5-1 所示。

---

① 数据采集自蒋洪新在全国翻译专业学位研究生教育 2019 年年会上的发言。

表5-1 翻译人才类型、知识结构和职业前景

翻译人才类型	高端口笔译人才	高级翻译及研究人才	复合型翻译人才	应用型翻译人才
学校类型	外语类专业院校与全国综合性大学	外语类专业院校与全国综合性大学	全国综合性大学与专业类院校	地方应用型院校
工作性质与岗位	从事外交、国际事务口笔译，如外交官、国际公务员	从事文学及人文学术著作的翻译、编审和研究，以及翻译教学工作，如翻译家、高级编审译审、高校教师	从事专门领域的专职口笔译，如商务翻译、法律翻译、汽车行业翻译	从事辅助性文字翻译工作，如涉外机构的文员、导游、报关员等
知识结构与素养	母语能力强，熟练掌握一到两门外语，具备跨文化交际能力，良好的人文素养，工具运用能力，通晓国际贸易、经济、法律等规则	母语能力强，熟练掌握一到两门外语，具备对中西方文化的深刻理解、研究能力，良好的人文素养，工具运用能力	熟练掌握一到两门外语，熟悉某一专门领域知识，具备跨文化交际能力，工具运用能力、项目管理能力	熟练掌握一门外语，具备跨文化交际能力，良好的人文素养的工具运用能力
岗位需求量	少	少	大	逐渐出现萎缩
机器可替代性	不可替代	不可替代	可部分替代	可较大程度上替代

由于要面对变幻莫测的国际形势，处理各种敏感的权力纷争和关系，从事外交的高端口笔译人才要有灵活的跨文化沟通能力，而且对译者的知识结构、素养都有极高的要求，这些都是机器翻译无法替代的。文学和人文类学术著作的翻译、编审和研究工作是极具创造性的工作，而从事此类工作既需要有人文的情怀，又能够对中西方文化进行深刻的理解和灵活的应对。就目前来看，机器不具有人的情怀和人的灵活的沟通能力，因而这类工作也是机器翻译无法替代的。

　　虽然高端的翻译是机器翻译无法替代的，但社会对这类翻译的需求量也是有限的。市场对翻译人才的需求主要集中在复合型翻译人才上。对翻译需求量最大的领域有工业、计算机和 IT、管理、银行业、商业、经济和金融，而从事这些行业的翻译都需要复合型翻译人才，他们既需要熟练掌握一门外语，又需要熟悉某一专门领域的知识。专门领域的翻译往往涉及大量的术语、特殊的表述和句型，对此可通过术语库的建设，并使用足够数量的该领域的高质量语料训练机器引擎解决。现有的技术已经可以训练出能够替代一部分人工翻译的行业机器翻译引擎。然而，这并不是说复合型翻译人才的工作会被机器取代，因为语言中存在的复杂问题、交流中需要的灵活的跨文化意识等决定了机器翻译不可能完全替代人工翻译。如果机器翻译替代了最基本、烦琐的文字转换的部分，那么译者可以余出精力做译前编辑和译后编辑，从而更轻松、高效地完成翻译工作。掌握了机器翻译的工作原理后，人工翻译还可以通过调试语料、升级术语库、发现典型的机器翻译错误来进一步提升机器翻译的精度，因而人工翻译要参与到机器翻译的全过程，实现人机共译。可以说，机器翻译取代的不是人，而是烦琐、重复、技术含量低的工作，使人工翻译可以有余力做技术含量高、更需要能动性的工作。这就对复合型翻译人才的培养提出了更高的要求。复合型翻译人才不仅要有过硬的双语能力，还要熟悉翻译技术，掌握术语管理、译前和译后编辑等一系列能力。

　　社会对应用型翻译人才的需求量原本是比较大的，然而随着通用类机器翻译的普及，未来对这类人才的需求量会出现萎缩。对于这类人才而言，翻译的多是通用类型的文本，内容技术含量低、重复性高，如对翻译的交付水准要求不高（如只要大概了解信息即可），而免费的在线机器翻译平台可代替大部分的翻译工作，因而这类低端的翻译工作最容易被机器翻译取代。原来的培养去向主要是从事这类工作的院校需要审慎考虑未来的发展，寻找新的培养路径，方能避免学生一毕业即失业的窘境。

二、机器翻译视域下未来翻译专业人才的内涵与培养模式

（一）围绕技术素养提升重构人才培养模式

机器翻译的迅猛发展必然带来翻译行业的结构性变化，且对未来的翻译人才所应该具有的素养也提出了新的要求，即译者除了需要具有传统的四大核心素养，即双语技能、翻译技能、相关知识和人文素养外，技术素养将成为未来译者的核心竞争力。近年来，越来越多的国内外学者开始关注译者的技术素养。欧盟翻译硕士项目和中国翻译协会都明确将技术能力视作职业译者的必备能力。未来的翻译人才应该熟练运用新兴技术服务于自己的翻译工作，更应该主动地去掌握技术、研究技术，以提升自己的工作效率。未来的翻译专业也不应仅仅满足于培养专职翻译人员，而是应致力于培养人文和技术素养兼具的"翻译 + 语言工程师"。

译者的技术素养由哪些要素构成呢？叶娜等人认为其中包括机器翻译知识、术语管理技能和编程技能①；王华树等人认为技术素养的要素有计算机基本技能、信息检索能力、CAT 工具应用能力、术语能力和译后编辑能力，其中涉及的技术包括计算机辅助翻译技术、本地化工程技术、语料库技术、翻译协作平台技术和机器翻译技术②。除了上面提到的各要素以外，笔者认为还应该加上 QA 翻译评估的能力。

高校应围绕技术素养的提升制订培养方案并设计课程体系。王华树等人认为围绕译者技术素养的构成，可开设的课程包括计算机辅助翻译、翻译与语料库、机器翻译与译后编辑、本地化与国际化、影视翻译（字幕）、技术传播与技术写作、计算机程序设计，其中涉及的课程模块有计算机辅助翻译基础、CAT 工具应用、语料对齐和处理、术语管理、翻译质量保障 QA 技术、OFFICE 办公基础、翻译管理技术、计算机基础知识、桌面排版、本地化与

---

① 叶娜，张桂平，韩亚冬，等. 从计算机辅助翻译到协同翻译 [J]. 中文信息学报，2012，26（6）：1-10.

② 王华树，王少爽. 信息化时代翻译技术能力的构成与培养研究 [J]. 东方翻译，2016（1）：11-15.

国际化、项目管理系统和内容管理系统、技术写作、计算机编程基础知识、网页代码基础知识。由于涉及的内容相当庞杂，各院校可根据现有的课程体系和师资情况制订具体的课程方案，如 OFFICE 办公基础、桌面排版、计算机程序设计等内容可以依托学校的公共课程，无须专门设置课程；计算机辅助翻译、语料对齐和处理、术语管理、机器翻译引擎训练、译前（受控语言写作）译后编辑、QA 翻译质量评估等可根据培养目标和师资情况有选择、有层级地加入课程中。

美国蒙特雷高级翻译学院、爱尔兰的都柏林城市大学、中国香港的香港中文大学等高校在机辅翻译、术语管理、译前和译后编辑、机器翻译引擎训练、本地化类的课程和课程模块的设置上已经形成较为完备的体系和行之有效的模式，有很好的借鉴意义。下面，笔者将以几个高校为例谈谈翻译技术课程的设置和内容模块。

美国蒙特雷高级翻译学院给口笔译方向的硕士生开设了两门机辅翻译课程，一门是"机辅翻译入门"，另一门是"高级机辅翻译"。"机辅翻译入门"课程将教学目标设定为：理解并能够使用 CAT 工具，了解机器翻译的基本原理和译前、译后编辑。该课程内容涵盖了翻译记忆（TM）、翻译环境工具的概览、语料对齐处理、Trados 的使用、术语提取、术语库的建设与管理、翻译规格和风格指南、自动质量评估、机器翻译概况、译后编辑概况、受控语言写作等内容。"高级机辅翻译"设定的课程目标是熟练运用机辅翻译软件并了解其中的管理和技术原理，了解机器翻译引擎训练的原理并能够训练一个专门领域的翻译引擎。课程内容包括 Trados 的高级功能、各种机器翻译的工作原理（规则、统计、神经）、机器翻译的质量评估（BLEU 分数的计算）、机器翻译所需语料库、各种 QA 工具、机器引擎训练实战操作。此外，蒙特雷还为所有学习口笔译的学生开设了"网站本地化""多语言桌面出版""影视本地化""本地化项目管理""软件和游戏本地化"等技术类的选修课程。

美国蒙特雷高级翻译学院的翻译和本地化管理硕士项目分为三个方向，分别是翻译、本地化和管理，侧重点各有不同。其中，翻译方向对双语能力要求最高，课程既包括翻译实践类课程，又包括术语管理、网站本地化、本地化项目管理、软件和游戏本地化等技术类课程。本地化方向对第二语言掌握的程度要求并不高，课程也不包括翻译实践类课程，但在技术类课程上有所增加，除了与翻译本地化相同的课程，还有 Python 编程语言的课程。本

第五章　智能时代翻译的技术转向

125

地化管理方向对第二语言掌握的程度同样要求不高，课程除了各种本地化课程，又增加了金融、经济和管理类的课程。值得一提的是，美国蒙特雷高级翻译学院把翻译和本地化管理硕士项目定位为 STEM 类的硕士项目，以区别于传统的口笔译项目。这让我们看到，随着翻译技术在翻译中的重要性日臻显著，未来的翻译培养将兼具人文和理工的双重特点，培养目标也会从原先的专职翻译逐渐向"翻译 + 语言工程师"的融合目标转变。

都柏林城市大学语言应用与跨文化研究学院设有翻译硕士（文科）和翻译技术硕士（理科）两个不同的翻译硕士方向。文科翻译硕士项目的五门核心课程中有两门是与技术相关的，分别是翻译技术和计算机化术语。其中，"翻译技术"课程的目标设定为了解翻译记忆技术，学会使用 SDL Trados，了解机器翻译的原理，了解译后编辑以及能够对机器翻译的译文进行质量评估。"计算机化术语"课程的目标设定为能够为某一专门领域建立概念系统，能够定义专用术语，能够使用概念工具识别单语中的近义词、反义词、上下义词等和双语中的对译词，能够从专门用途语料库中提取有用的概念和语言知识等。除了两门涉及技术的核心课程，文科翻译硕士项目还提供了三门与技术相关的选修课程，分别是本地化、视听翻译和语言与话语的数字化方法。其中，"本地化"课程涉及网站本地化的技术，"视听翻译"课程涵盖有字幕技术，"语言与话语的数字化方法"课程主要教授语料库的建设和使用方法。

都柏林城市大学的翻译技术硕士（理科）项目的课程体系更向理工科倾斜，上一段中提到的涉及技术的课程都是该项目的核心课程，而且专门设有软件开发的课程。都柏林城市大学文、理两个硕士方向的设置同样反映了未来翻译职业对文理融合的要求，这对国内 MTI（翻译硕士）的培养提供了新的思路，即可以根据学生的背景和特长，通过翻译和技术类课程比重的调整，制订不同的培养方案，培养"翻译为主 + 技术为辅"或"技术为主 + 翻译为辅"的不同类型的翻译硕士。国内北京大学软件与微电子学院早在 2007年就开始招收计算机辅助翻译硕士，旨在培养熟练运用两种语言，又掌握机器辅助翻译原理和相关语言信息处理技术和工具的现代翻译人才。

香港中文大学的翻译本科和硕士项目都包括了翻译技术类课程，其中有机辅翻译入门、机器翻译、影视字幕翻译，另外，翻译硕士项目还有专门的双语编辑技能和术语管理课程。这里特别介绍一下"双语编辑技能"课程，该课程内容包括翻译编辑技能、译前编辑、译前编辑的数据定制、交互式编辑、译后编辑（包括词汇、语句、语义、语用、文化）、整合计算机编辑等。如今，语言服务行业内部已经开始提供译后编辑课程，但大多数高校因为师资匮乏无法单独开设此类课程，因而将译后编辑的内容模块植入机辅翻译或本地化课程不失为有益的尝试。例如，美国肯特州立大学课程中有"针对译者的职业编辑"模块，浙江大学开设了"翻译技术专题"，待条件成熟后即可单独开设译后编辑课程。

国内外这些高校在培养方式和课程设置上的做法给国内翻译专业人才培养和课程设置提供了不少新思路：第一，随着翻译技术在翻译中的重要性的显现，未来的翻译培养目标正从原先的专职翻译逐渐向"翻译 + 语言工程师"的融合目标转变；第二，针对未来翻译职业对文理融合的要求，院校在 MTI 招生上可以既招收外语类本科生，又招收理工科本科生，针对不同背景的学生，通过翻译和技术类课程比重的调整，制订不同的培养方案，培养"翻译为主 + 技术为辅"或"技术为主 + 翻译为辅"的不同类型的翻译人才；第三，从上述各高校开设的技术类课程来看，CAT 工具应用、术语管理、译前译后编辑、机器翻译原理及引擎训练都是比较核心的技术类模块，应该优先进入 MTI 技术类课程中，而更多的技术类模块如 QA、语料库的建设和应用、网站、软件和游戏本地化、字幕技术、Python 编程等可根据各院校的培养目标和师资有选择地引入课程体系当中。

（二）构建具有应用性和实践性的交叉翻译教学体系

第一，课程设置方面。在市场竞争如此激烈的现代社会，以市场需求为导向的培养目标逐渐形成，越来越多的企业需要能够解决问题的多面手。因此，在开设翻译学科的同时，应有针对性地开设其他学科，如经济、制造、商务、法律、传媒、新闻等基础课。例如，南开大学针对翻译专业开设大学物理、大学化学的公共基础课，天津外国语大学开设的"英语 + 金融""英语 + 国际经济与贸易"课程，让翻译专业的学生具备一定的理科知识和判断能力。

翻译的应用需要理论与实践的结合，所以学校应在理论教学基础上，增设实践课程。目前的实践课程多是以书本为基础，增设中国文化典籍英译、对外宣传翻译、翻译名家名译研究等课程，结合模拟翻译现场，通过增加学生的练习时间、改善教学方式等多种形式达到熟能生巧；除此之外，可以为学生多提供走出学校的机会，如参加现场实践教学活动、旁听企业合作交流等。天津市的大型国企、外企都具有接纳学生参加实习的条件，因此，学校应制订相应政策，与企业合作制订培养方案，鼓励学生积极参与到这些企业中进行实践活动。

第二，教学模式方面。为了迎合智能时代翻译教学改革的新趋势，各高校翻译专业师生首先应尝试利用各高校翻译教学之线上线下资源一体化，促进各优质翻译课程资源共建共享，促进名校名师与翻译专业学生之间开展交流互评，让大家共同成长；其次，学院应尝试利用智能时代模拟技术及虚拟现实技术创建更多的翻译虚拟场景实验室（如用 AR、VR 创建可灵活使用的大型会议同声传译虚拟实验室），帮助翻译专业学生低成本、零距离了解实际同声传译现场机器设备使用及工作环境知识；最后，翻译专业师生应妥善利用各种翻译教学过程当中建立起来的大数据系统。使各高校翻译专业师生之间都可以构建本校、本专业的智能导师系统，这些翻译课程线上大数据智能导师不仅能做到对学生学习过程进行自动评价及反馈外，还能在监控学生学习的过程中识别学生翻译课程学习中的学习风格，给学生提供最适合其成长的翻译课程学习路径。综上所述，构建这种"智能导师系统"对翻译课程改革有数不尽的益处。

第三，教学反馈方面。日常教学反馈评估的新要求及新方法于智能时代高校翻译课程教学改革当中有着非常重要的地位。高校教师在翻译教学中，对学生的测试和评估应贯穿整个学习过程。智能时代日常教学评估反馈机制的新要求及新方法会要求高校教师不仅要建立新的教育管理系统，而且使用区块链技术、跨智能媒体技术、大数据技术、学习分析技术等获得一套能够体现翻译课程学习者学识构造、内在能力展现等数据的教学评价机制，从而提升整体信息化辅助日常教学评估治理水平。在翻译课程中，高校教师需要更多地采用以下措施，在智能时代建立一套符合自己教学实际的日常教学评估机制系统：第一，建立高校翻译专业学生多类别归纳画像系统。各高校翻译专业教师应利用 Hidden Markov Model（隐含马尔柯夫模型）等机器学习、人机交互问卷的方式，让实验室计算机对翻译专业学习者进行学习模式诊断画像及归纳分类，识别各个翻译专业学生个体的学习模式行为及障碍，从而帮助教师更好地针对学生个体因材施教，建立适合的教学模式教好学生。第二，构建高校翻译专业学生个体学习进程分析系统。各高校翻译专业教师在智能时代需构建一套通过统计学生各学习阶段的课堂实践行为数据对学生学习进展及所需进行分析的系统，并可通过此系统分析翻译专业所有学生在此课堂（如笔译、口译、同传）、此阶段最显著的潜在问题及需求，为学生制订此时最符合需求的个性化解决方案。第三，设计高校翻译专业学生知识水平智能评价系统。各高校翻译专业教师应设计一套符合本校实际的类似讯飞语言评测平台的学生英语水平认证评价智能系统。该系统应能理解、识别和提取学生在特定语境（如同声传译）中的双语对应词汇、英语语音、英语语法标志词，从而自动给学生的翻译作品做出标准评测，促进学生学习，从而使高校翻译专业教学能够在改革中自然达到智能时代赋予的日常教学反馈评估新要求，使翻译课程教学改革在智能时代自然创建一种新的教学模式。

（三）加大校企合作力度

加强校企合作是提升人才培养质量的必要途径。学校应与企业共同建立互利创新、合作共赢的项目协作机制，打造以企业需求为导向的精品培训项目，创新高级翻译人才培养模式。例如，天津市在推进"京津冀一体化"的过程中，在滨海新区建立了滨海中关村科技园，引进了百余家中小型企业，同时是创新型企业，包括大量人工智能、大数据、生命科技、科技金融、文化创意等热门产业，而这些正在成长中的企业亟须学习其他国家的先进技术。

参考文献

著作类：

[1] 陈凯华. 功能翻译理论及其应用翻译探研 [M]. 北京：冶金工业出版社，2018.

[2] 李玉良.《诗经》英译研究 [M]. 济南：齐鲁书社，2007.

[3] 刘力源. 英语翻译理论与实践研究 [M]. 德宏傣族景颇族自治州：德宏民族出版社，2017.

[4] 张美芳. 翻译研究的功能途径 [M]. 上海：上海外语教育出版社，2005.

[5] 张萍. 商务英语翻译中存在的问题及对策 [M]. 北京：中国商务出版社，2018.

[6] 王苗. 功能翻译理论与科技英语翻译策略研究 [M]. 北京：冶金工业出版社，2018.

[7] 蔚然，赵韶丽. 当代英语翻译理论与实践的多维视角研究 [M]. 北京：中国商务出版社，2019.

[8] 谢萌. 新时期英汉语言文化与翻译对比研究 [M]. 北京：中国纺织出版社，2019.

[9] 李梁. 功能主义视角下译文的忠实性研究 [M]. 沈阳：辽宁大学出版社，2019.

[10] 陈雪松，李艳梅，刘清明. 英语文学翻译教学与文化差异处理研究 [M]. 西安：西安交通大学出版社，2017.

[11] 朱徽. 汉英翻译教程 [M]. 重庆：重庆大学出版社，2015.

[12] 董晓波. 翻译概论 [M]. 北京：对外经济贸易大学出版社，2012.

[13] 王宏印. 中国传统译论经典诠释——从道安到傅雷 [M]. 武汉：湖北教育出版社，2003.

[14] 姚丽，张晓红. 文学翻译的多视角研究 [M]. 北京：中国书籍出版社，2018.

[15] 张沉香 . 功能目的理论与应用翻译研究 [M]. 长沙：湖南师范大学出版社，2008.

[16] 陈海兵，陈丹，周勇 . 新时代应用翻译研究：理论与实践 [M]. 成都：西南交通大学出版社，2019.

[17] 冉明志 . 应用翻译理论与实践 [M]. 成都：西南交通大学出版社，2014.

[18] 黄义娟，刘冲亚 . 现代旅游翻译理论研究与公示语翻译策略 [M]. 北京：冶金工业出版社，2019.

[19] 彭萍 . 实用旅游英语翻译（英汉双向）[M]. 北京：对外经济贸易大学出版社，2016.

[20] 张东东，姜力维 . 功能翻译理论与应用笔译研究 [M]. 哈尔滨：哈尔滨工程大学出版社，2015.

论文期刊类：

[1] 胡叶 . 功能主义视角下科技英语长难句的翻译 [J]. 文化创新比较研究，2019，3（18）：107–108.

[2] 周振峰 . 英汉语言对比研究综述 [J]. 现代语文（语言研究版），2010（06）：101–102.

[3] 程雪佳 . 英汉语言对比与翻译的结合研究 [J]. 中国民族博览，2017（05）：123–124.

[4] 赵艳丽 . 英汉语言对比中的意合与形合 [J]. 汉字文化，2017（05）：26–28.

[5] 仇萍 . 功能主义翻译目的论指导下的产品说明书翻译 [D]. 南京：南京农业大学，2013.

[6] 韩莉 . 从功能理论试析文学翻译与非文学翻译的区别 [D]. 上海：上海外国语大学，2010.

[7] 佘敏 . 从英汉语言对比谈英汉翻译技巧 [J]. 读与写（教育教学刊），2015，12（08）：266–267.

[8] 卢庆玲 . 英汉语言对比——物称主语与人称主语 [J]. 北方文学，2019（15）：260–261.

[9] 李志鸿 . 对功能翻译理论与儿童文学翻译的探讨 [J]. 汉字文化，2021（02）：151–152.

[10] 熊丹 . 功能翻译理论视角下中国儿童文学英译研究 [D]. 合肥：安徽大学，2019.

[11] 桂雯雯. 功能翻译理论视角下的科幻文学翻译 [D]. 重庆：四川外国语大学，2019.

[12] 赵凯伦. 浅析功能翻译理论与文学翻译批评 [J]. 当代教育实践与教学研究，2016（06）：99-100.

[13] 肖佳. 功能翻译理论指导下的儿童文学翻译 [D]. 长沙：湖南师范大学，2014.

[14] 解倩. 功能翻译理论视角下的文学方言翻译研究 [D]. 保定：河北农业大学，2013.

[15] 黄小霖. 智能时代翻译课程教学改革的挑战与实践 [J]. 校园英语，2021（25）：12-13.

[16] 王华树. 人工智能时代翻译教育技术研究：问题与对策 [J]. 中国翻译，2021，42（03）：84-88.

[17] 王华树，王鑫. 人工智能时代的翻译技术研究：应用场景、现存问题与趋势展望 [J]. 外国语文，2021，37（01）：9-17.

[18] 唐祉祎，李成静. 人工智能时代下的现代翻译技术人才培养研究 [J]. 现代英语，2020（09）：63-65.

[19] 朱一凡，管新潮. 人工智能时代的翻译人才培养：挑战与机遇 [J]. 上海交通大学学报（哲学社会科学版），2019，27（04）：37-45.

[20] 凌婷. 功能翻译理论视角下的英—汉新闻编译 [D]. 福州：福建师范大学，2009.

[21] 罗文敏. 功能翻译理论视域下的英语体育新闻翻译研究 [D]. 长沙：长沙理工大学，2013.